O Poder da Surpresa para Gerar Bom Humor,
Encantar o Cliente, Aumentar
Resultados e Conquistar o Sucesso

SURPREENDA Positivamente

Copyright© 2016 by Editora Ser Mais Ltda.
Todos os direitos desta edição são reservados à Editora Ser Mais Ltda.

**Presidente:**
Mauricio Sita

**Capa:**
Estúdio Mulata

**Diagramação e projeto gráfico:**
Cândido Ferreira Jr.

**Revisão:**
Samuri José Prezzi

**Gerente de Projetos:**
Gleide Santos

**Diretora de Operações:**
Alessandra Ksenhuck

**Diretora Executiva:**
Julyana Rosa

**Relacionamento com o cliente:**
Claudia Pires

**Impressão:**
Rettec Artes Gráficas e Editora

Dados Internacionais de Catalogação na Publicação (CIP)
(Câmara Brasileira do Livro, SP, Brasil)

Pinto, Marcelo
  Wow : surpreenda positivamente : o poder da surpresa para gerar bom humor, encantar o cliente, aumentar resultados e conquistar o sucesso / Marcelo Pinto. -- São Paulo : Editora Ser Mais, 2016.

  Bibliografia.
  ISBN 978-85-63178-93-0

  1. Autoajuda 2. Ambiente de trabalho - Administração 3. Atendimento ao cliente 4. Clientes - Satisfação 5. Comunicação interpessoal 6. Sucesso em negócios 7. Sucesso profissional 8. Vendas I. Título.

16-00328                                    CDD-658.812

Índices para catálogo sistemático:

1. Clientes : Satisfação : Administração de
   empresas    658.812

Editora Ser Mais Ltda
Rua Antônio Augusto Covello, 472 – Vila Mariana – São Paulo, SP
CEP 01550-060
Fone/fax: (0**11) 2659-0968
Site: www.editorasermais.com.br e-mail: contato@revistasermais.com.br

# DEDICATÓRIA

Dedico esta obra a Mel, Mila, Tuca, Tim, Poli, Duda, Dalila, Tothy, Bilu e em memória da Flor, Scooby, Tatá e Catita, que estão representando todos aqueles que sempre nos surpreendem e surpreenderam alegremente nesta vida.

# AGRADECIMENTOS

Agradeço a Deus e ao Universo, por tudo que aconteceu em 2015, que acabou por surpreendentemente conspirar a favor desta obra, tendo o meu papai Aldão como o centro e motivo para aumentar ainda mais nossa união, e a mamãe Lili por todo apoio juntamente com minha esposa Andréa e nosso maravilhoso casal de filhos Marcos e Marcela e pela parceria de meu irmão Paulo e de muitos outros familiares e amigos, para que todos nós juntos conseguíssemos a força necessária para superar os problemas, que no final se mostraram excelentes oportunidades para nosso desenvolvimento pessoal e profissional.

Não posso também deixar de agradecer especialmente ao amigo Marcos Casuo, pelo maravilhoso e surpreendente prefácio deste livro.

# PREFÁCIO
# MARCOS CASUO

Conheci o Marcelo Pinto no início de 2009, quando havia me decidido sair da famosa empresa de entretenimento Cirque du Soleil para dar início a mais um sonho, voltar ao Brasil para abrir a minha própria empresa e assim excursionar todo o Brasil com meu show e cases motivacionais.

Um grande maestro amigo meu um dia me disse que quando tomada uma decisão, o universo se encarrega da trajetória e dos pequenos detalhes... Pelo que eu entendi, o universo não só conspira a favor como ele também se encarrega de colocar pessoas tão especiais e competentes em nossa jornada como o Dr. Marcelo que, com certeza, também contribuiu para o meu amadurecimento e crescimento.

Estávamos no nordeste, em uma Convenção de Vendas de uma multinacional da indústria farmacêutica. Eu precisava de um parceiro de palco para determinada esquete que apresentaria no dia seguinte. Então, me apresentaram ele: "Olha Casuo, temos uma pessoa que pode te ajudar nesta esquete. Ele é nosso Gerente Jurídico e de RH!". Eu pensei comigo: "O quê? Um advogado para me ajudar como *clown*? Deve ser pegadinha!".

Daí a pouco chegou o Dr. Marcelo Pinto, que depois de poucos minutos de conversa, se apresentou para mim como sendo o Doutor Risadinha, apelido que recebeu quando fazia trabalho voluntário nos hospitais. Depois disso, já fiquei mais calmo, porém ainda apreensivo, pois esta seria uma das minhas primeiras apresentações nessa nova fase profissional e eu não poderia nem pensar em ter falhas. Como faria para praticar um esquete de *clown* em menos de um dia com um advogado???

Mas, para minha surpresa, houve uma química tão legal entre o Marcelo e eu, que rolou a apresentação com sucesso e para surpresa positiva de todos os presentes. A partir daí, continuamos mantendo contato e nos reencontrando em várias oportunidades e palcos dos maiores Congressos de RH, pois para a minha surpresa, o advogado e Dr. Risadinha também é palestrante.

Então, quando o Marcelo me convidou para prefaciar este livro, recebi com alegria o honroso convite e tive o privilégio de, antes do público leitor, deliciar-me com o que está escrito nas próximas páginas, pois para mim é sempre motivo de muita satisfação e alegria falar sobre a surpresa, principalmente quando ela é positiva e nos encanta. Aliás, essa é também a minha missão, de surpreender e encantar o público que vem prestigiar as obras da Universo Casuo.

E olhem! Confesso que pesquisei a respeito desse tema e naveguei pela internet e realmente muito pouco encontrei, o que me surpreendeu e motivou ainda mais a escrever este prefácio, pois esta obra se torna uma das poucas no Brasil que tratam especificamente do Poder da Surpresa Positiva com tantos detalhes. E acreditem: os detalhes são importantíssimos para surpreendermos positivamente as pessoas!

Vocês perceberão nos diversos capítulos por ele explorados o quão importante e abrangente é este tema e como a Surpresa

Positiva pode nos ajudar a alavancar nossos resultados e fidelizar clientes, desde o momento da publicidade de nosso produto e serviço, até o pós-venda, passando pelo atendimento, venda e nossa entrega no negócio.

Desejo que esta obra desperte, principalmente no público corporativo, o interesse pela sua discussão e aplicação das diversas dicas e práticas que o Marcelo nos apresenta, tornando o ambiente e a relação de trabalho cada vez mais humana, positiva e surpreendente.

Este livro deverá ser item obrigatório para todos aqueles que desejam se destacar não só no mundo dos negócios, mas também nos relacionamentos pessoais e familiares. Por este motivo, convido todos vocês a folhearem as próximas páginas e se surpreenderem a cada capítulo.

**Marcos Casuo** – Fundador da Universo Casuo entretenimento corporativo e cultural, conhecido como um dos 10 melhores *Clowns* do mundo. Foi protagonista do espetáculo "Alegria", da famosa trupe canadense 'CIRQUE DU SOLEIL', onde atuou por 8 anos, sendo aplaudido em 22 países por mais de 12 milhões de pessoas, surpreendendo reis e rainhas, celebridades da música internacional e astros de Hollywood. Atualmente palestrando e se apresentando por toda América Latina com a Universo Casuo.

# ÍNDICE

**PREFÁCIO** ................................................. **5**
(Marcos Casuo)

Bah! Detesto surpresas! Mas, o que tem mesmo dentro desta caixa?
**APRESENTAÇÃO** ......................................... **13**

Sabe por que não existe o Dia da Surpresa?
Porque não seria mais surpresa!
**INTRODUÇÃO** ............................................ **17**

Caraca! Nesta semana vai ter teste surpresa!
**O PARADOXO da SURPRESA** ......................... **23**

Vixe! Você não sabe o que é uma surpresa?
**A DEFINIÇÃO de SURPRESA** ........................ **29**

Aff! Até fiquei emocionada!
**A SURPRESA é uma EMOÇÃO?** ..................... **33**

Uau! Não acredito que isso aconteceu comigo!
**A SURPRESA e a INCREDULIDADE** ................. **37**

Oxente! Por essa eu não esperava!
**A SURPRESA e as EXPECTATIVAS** .................. **39**

Ô loco! Depois dessa eu deveria ficar satisfeito?
**A SURPRESA e a SATISFAÇÃO** ........................... 4

Opa! Agora adicione duas xícaras de uma
boa dose de surpresa e pronto.
**A SURPRESA pode ser MEDIDA?** ....................... 4

Nossa! Que cara de surpresa é essa?
**A EXPRESSÃO FACIAL da SURPRESA** ................ 5

Ei, espere! Não vá por aí que tem um leão!
**A SURPRESA e suas FUNÇÕES** ......................... 5

Uma vaca colorida. Como é que eu
poderia me esquecer disso?
**A SURPRESA ajuda na MEMORIZAÇÃO** ............... 55

Teste Surpresa? Só existe para quem não estudou!
**A SURPRESA na EDUCAÇÃO ESCOLAR** .............. 59

Zebra é a surpresa do futebol.
**O FUTEBOL é uma CAIXINHA de SURPRESAS** ....... 63

Santo Deus! O que aquela nuvem te lembra?
**SURPREENDA COM A PAREIDOLIA** ................... 67

WOW! Agora você nos surpreendeu! Parabéns!
**Como SURPREENDER na EMPRESA** ................... 73

Uau! Esse é o cara!
**Como SURPREENDER enquanto LÍDER** ............... 79

Já na entrevista de emprego pergunte:
"Quais são seus sonhos?"
**Como SURPREENDER seus COLABORADORES** ..... **83**

Surpreenda entregando mais do que prometeu.
**A SURPRESA no ATENDIMENTO ao CLIENTE** ........ **87**

S+A=E$^2$ (Surpresa + Alegria = Experiência Encantadora)
**A SURPRESA e o ENCANTAMENTO** ................... **91**

WOW! Já bateu a meta? Excelente trabalho!
**SURPREENDA nas VENDAS** ............................ **95**

Agora! Vamos pegá-los desprevenidos!
**A SURPRESA e a CONCORRÊNCIA**
**O Princípio da Surpresa nas**
**Operações Militares Especiais** ........................... **99**

"Excelente sacada Marcelo! Você sempre me
surpreendendo com sua criatividade e inovação!"
**A SURPRESA com CRIATIVIDADE e INOVAÇÃO** ..... **107**

Qual a diferença entre explorar e estar perdido?
**SURPREENDA-SE com as PRESSUPOSIÇÕES** ........ **113**

Céus! Será que sou um normopata?
**As PATOLOGIAS da SURPRESA** ........................ **117**

YES! Essa é a minha hora de surpreender positivamente!
**OPA! PODE DEIXAR COMIGO!** ......................... **125**

Seja único: surpreenda fazendo diferente!
**A SURPRESA na COMUNICAÇÃO** ........................ 1

Viva! Ganhei na Raspadinha! Vou comprar um chocolate Surpresa e um Kinder® Ovo?
**A SURPRESA no MARKETING e PUBLICIDADE** ........ 1

Cruz credo! Por este final eu não esperava!
**A SURPRESA e o SUSPENSE** ............................. 1

"O segredo do humor é a surpresa."
(Teoria da Incongruência)
**A SURPRESA e o HUMOR (Parece PIADA)** ............ 14

Tia, posso trocar este presente por um brinquedo?
**Os CUIDADOS com o PRESENTE SURPRESA** ......... 15

#%&*!!! Isso era para ser a sua surpresa!
**ATENÇÃO para NÃO PERDER a SURPRESA** ........... 16

Suurpreesaaaaa!
**DICAS SURPREENDENTEMENTE POSITIVAS** ......... 16

**BIBLIOGRAFIA SURPREENDENTE** ...................... 16

*Bah! Detesto surpresas! Mas, o que tem mesmo dentro desta caixa?*

# APRESENTAÇÃO

*"A vida não tem um plano;
tem a perpétua surpresa."*
(Paulo Menotti del Picchia, poeta brasileiro)

Muitas pessoas têm medo da surpresa, por sua imprevisibilidade, mas com certeza todas gostam de serem surpreendidas positivamente. Apesar de ser extremamente importante, a Surpresa, que também integra os comportamentos pós-compra do consumidor, tem sido tímido alvo de estudos, havendo um número reduzido de publicações abordando-a, principalmente no tocante ao ambiente de trabalho. Surpresos por isso? Então, a partir de agora levanto esta bandeira e espero que com as ideias expostas neste livro, possamos aumentar e estimular a abordagem e discussão sobre este importante e fascinante tema.

Atualmente pensar de maneira convencional não é o suficiente e, se você deseja atingir resultados significativos, precisará desafiar as normas. Nada melhor para isso do que surpreender. E é o que desejo nas próximas páginas, fazer com que você consiga mudar o jogo, criar algo novo ou fazer algo radicalmente diferen-

te e positivo, principalmente quando surgirem os problemas e desafios, que são inerentes ao nosso dia a dia e fonte inesgotável de oportunidades para surpreendermos positivamente.

As empresas devem buscar algo a mais do que a mera satisfação do cliente, pois este já é o lugar-comum. Portanto, o entendimento de que tipo de surpresa causará sentimentos positivos nos clientes deveria ter um importante papel na estratégia gerencial. Isso se traduzirá em maior retenção e fidelização, bem como no encantamento do cliente, desde que a surpresa seja agradável, é claro! Por isso que a Surpresa positiva e a Alegria estão tão intimamente ligadas. Tanto que a reação logo após a surpresa positiva é o sorriso, e disso, modéstia à parte, eu entendo!

E há uma razão para isso, pois o sorriso revela o prazer de ser surpreendido. E a surpresa positiva nos leva a adotar três comportamentos: querer experimentar mais vezes aquilo que nos surpreendeu, curiosidade para aprender como ou porque aquilo funciona daquela maneira e compartilhar com os outros para que possamos levar um pouco do crédito pelo sorriso de surpresa que eles experimentarão.

Devo ainda destacar que aquele que sente alegria ao ser surpreendido positivamente, permanecerá por muito mais tempo alegre do que aquele que não se submeteu a uma surpresa.

**Aliás, os estudos mostram que consumidores que experimentaram altos níveis de alegria e surpresa, também apresentam maiores índices de intenção de recompra, a pagar preços maiores, a recomendar nossos produtos e serviços, a fazer boca a boca positivo e a ignorar marcas competidoras.**

E olha que Tom Peters, em 1997, no seu livro "Em busca do Uau!" já dedicava uma passagem exclusivamente para a "Surpresa". Foi o artigo de número 79 que assim se apresenta:

"O melhor sempre surpreende. Uma peça, um pacote de software, um caixa de banco ou garçom especialmente cortês, uma equipe de futebol num passe, notas *post-it*, qualquer coisa.

Se surpresa = sucesso, será que poderíamos construir uma FÁBRICA DE SURPRESAS, isto é, uma organização que produza surpresas continuamente?

Se pudéssemos, então, cientificamente falando, ela certamente iria respeitar os princípios do acaso e da variação fortuita. Surpresa é imprevisibilidade (até mesmo em suas menores manifestações. Por exemplo, o garçom cortês). Portanto, inculcar surpresa é inculcar imprevisibilidade.

Inculcar imprevisibilidade é respeitar o rompimento de regras (por definição, todas as surpresas rompem as regras), humor, cochilos, curiosidade, excentricidade. De maneiras pequenas (prestação de serviços na linha de frente) e grandes (investir em pesquisa e desenvolvimento fora do padrão).

Em grande parte (ou totalmente?) a surpresa não pode ser organizada ou planejada. Usando uma citação de Henry Mintzberg, ela está mais para flores silvestres crescendo em lotes abandonados do que para estufas rigidamente controladas.

Ao contrário das estufas, os campos de flores silvestres têm ervas daninhas. Se você não pode tolerá-las, então não pode entrar para o ramo da surpresa. E se você for um bom observador, também saberá que o exame de uma erva daninha aparentemente desconhecida leva, muitas vezes, à descoberta de algo maravilhoso – uma flor minúscula, uma folha tão delicada que lhe traz uma lágrima aos olhos.

Pense nisso: O QUE VOCÊ FEZ, NAS ÚLTIMAS 24 HORAS, PARA ENCORAJAR A ANARQUIA PARCIAL NECESSÁRIA PARA ALIMENTAR UMA FÁBRICA DE SURPRESAS?[1]

Enfim, espero que com este livro você se surpreenda a cada página e não esqueça que, quando os desafios e problemas surgirem, não perca a oportunidade de exclamar para você mesmo: **Wow! É hora de surpreender!**

---

[1] Peters, Tom. A Busca do Uau!. Tradução de Nivaldo Montingelli Jr., Editora Harbra, São Paulo, SP.

*Sabe por que não existe o Dia da Surpresa?*
*Porque não seria mais surpresa!*
(Marcelo Pinto)

# INTRODUÇÃO

*"E de surpresa em surpresa, o inesperado. E quando o inesperado lhe sorri, como não lhe sorrir de volta?"*
(Camila Custodio, autora brasileira)

Segundo afirma o professor e escritor Soren Kaplan, atualmente a Amazon lista menos de uma dúzia de livros com a palavra surpresa em seus títulos, e todos eles focam como evitar, minimizar, prevenir ou reduzir a possibilidade de viver este temido fenômeno.

Desejo com este livro destacar a importância da surpresa positiva nos relacionamentos pessoais e profissionais e a relação dela com o sorriso, minha fonte de inspiração e Missão de Vida. Destaco que a surpresa, assim como o humor e o colesterol, pode ser boa ou má. Portanto, o objetivo das próximas linhas é tratar das boas surpresas, ou seja, **como surpreender positivamente.**

Assim como a maioria das pessoas que não gostam de estudar, mas adoram aprender, elas também não gostam da surpresa, mas adoram serem surpreendidas positivamente. E o riso espontâneo, provocado tanto pela surpresa, quanto pela aprendizagem, faz as pessoas relaxarem das situações mais tensas, mantendo por muito mais tempo na memória o conteúdo aprendido e a surpresa experimentada. E sendo ele inerente à condição humana, justifica assim seu importante papel no fortalecimento da saúde e das relações profissionais e sociais.

É verdade que o riso desarma, mostrando cada um na sua fragilidade, mas isso não deve ser motivo de vergonha para ninguém, pois é inerente à condição humana, justificando assim seu importante papel no fortalecimento da saúde e das relações humanas profissionais e sociais.

Estudos de Freud e Bergson já apontaram para o fator surpresa como o elemento mais importante para desencadear o riso. O inesperado faz isso. Mas atenção, assim como o riso, as surpresas só têm graça se não forem perigosas ou ameaçadoras.

Especialistas afirmam que os animais não conhecem a surpresa, mas tão somente as emoções assemelhadas. E nós não somos educados a conviver com a surpresa, pois muitos a temem por desconhecerem o inesperado e o que vem com ele. E é justamente o inesperado um dos principais ingredientes para criar inovações surpreendentes.

Exemplo disso, que costumo pioneiramente compartilhar em minhas palestras, é o **Yoga do Riso**, cuja proposta é "rir sem qualquer motivo", de forma simples, inesperada e portanto, surpreendente. Quem já leu meus dois livros, "Sorria, você está sendo curado" e "O Método S.M.I.L.E. para Gestão do Humor no Ambiente de Trabalho", deve se lembrar do seu slogan: "Finja, finja, até que atinja!", ou seja, finja que você está rindo, que ao final você estará rindo de verdade. Este slogan é usado para resumir a ideia de que ao nos esforçamos para agir de maneira confiante mesmo quando não nos sentimos assim, faz com que nos movimentemos, o que acaba nos levando ao sucesso da nossa empreitada.

Kaplan menciona um estudo realizado conjuntamente por pesquisadores das universidades de Columbia e Harvard, no qual determinado número de pessoas foi dividido em dois grupos. Ninguém sabia de que se tratava a experiência, mas todos

tinham eletrodos de eletrocardiograma ligados ao peito para que pensassem que tinha a ver com fisiologia.

Um grupo recebeu a orientação de posicionar o corpo em uma postura poderosa, reclinando-se em uma cadeira e apoiando os pés sobre a mesa por um minuto, enquanto o outro grupo foi solicitado a assumir uma postura submissa pouco poderosa, sentando-se numa cadeira com as mãos entre as pernas.

Depois de fazer isso, todos os participantes receberam dois dólares cada e souberam que poderiam ficar com o dinheiro ou apostá-lo em um jogo de dados para tentar dobrar o valor, sendo que a possibilidade de vencer era de cinquenta por cento. Também receberam uma pesquisa para medir o quanto poderosos e no comando se sentiram depois do estudo.

Os pesquisadores descobriram que muito mais pessoas que adotaram posturas poderosas apostaram seu dinheiro e relataram se sentir poderosas e no comando. Os que fizeram poses pouco poderosas, assumiram menos riscos e não se sentiram tão poderosos.

E há algo ainda mais interessante. Os pesquisadores coletaram amostras de saliva de todos os participantes imediatamente antes e depois da experiência para medir seus níveis neuroendócrinos de testosterona (hormônio ligado aos sentimentos de poder e dominância) e de cortisol (hormônio relacionado ao estresse, à hipertensão e ao enfraquecimento da imunidade).

Depois de comparar os níveis hormonais de antes e depois do experimento, os pesquisadores descobriram que os dois grupos apresentavam diferenças substanciais. Os que fizeram as poses poderosas apresentaram um aumento significativo na testosterona e uma queda no cortisol, ao passo que os que fizeram poses pouco poderosas tiveram uma diminuição na testosterona e um aumento no cortisol. Os níveis neuroendócrinos não mentem. O simples fato de agir de maneira poderosa leva a mudanças físicas reais e a um sentimento de ser poderoso.

Portanto, seguindo também os ensinamentos nesta mesma linha, compartilhados pela psicóloga social estadunidense Amy Cuddy, no TEDGlobal de 2012, que já conta com mais de 30 milhões de visualizações, esforce-se para surpreender positivamente sempre que surgir uma oportunidade, pois assim, com o tempo e a prática, cada vez ficará mais fácil surpreender.

Pois bem, e foi estudando sobre a surpresa que me deparei com outras questões surpreendentes, como, por exemplo, da forma como ela é tratada na matemática e estatística. Isso mesmo. No artigo intitulado "Valores Epistêmicos Bayesianos: Foca na Surpresa, Mede Probabilidade!", os seus autores Júlio Michael Stern e Carlos Alberto de Bragança Pereira, do Instituto de Matemática e Estatística da Universidade de São Paulo, afirmam na página 1066, item3 [2], que a **função surpresa, s(θ)**, indica a mudança na densidade a posteriori, pn(θ), relativamente à densidade de referência, r(θ), representando uma situação inicial de informação mínima. Entendeu? Nem eu. Surpreesaaa! Para falar a verdade, só descobri que existia uma "função surpresa" quando comecei a estudar este assunto. Isso prova como o estudo é surpreendentemente positivo.

E como bom Advogado que sou, pelo menos na visão da minha querida mãe (!!!), na área do Direito temos a **Cláusula Surpresa**, proibida no artigo 46 do Código de Defesa do Consumidor (Lei nº 8.078/1990), que assim dispõe: *"Os contratos que regulam as relações de consumo não obrigarão os consumidores, se não lhes for dada a oportunidade de* **tomar conhecimento prévio de seu conteúdo...***"*. Ou seja, sem surpresas.

E o Novo Código de Processo Civil (NCPC – Lei nº 13.105/2015) traz a expressa proibição em seu artigo 10º à **"decisão-surpresa"**, garantindo às partes autora e ré não serem surpreendidas, na decisão final, por algum fundamento que não tenha sido de seu prévio conhecimento.

---

[2] Artigo intitulado "Valores Epistêmicos Bayesianos: Foca na Surpresa, Mede Probabilidade!" os seus autores Júlio Michael Stern e Carlos Alberto de Bragança Pereira do Instituto de Matemática e Estatística da Universidade de São Paulo, afirmam na página 1066, item3

Este artigo estabelece o seguinte: *"O juiz não pode decidir, em grau algum de jurisdição, com base em fundamento a respeito do qual não se tenha dado às partes oportunidade de se manifestar, ainda que se trate de matéria sobre a qual deva decidir de ofício"*.

Desse modo, antes do juiz elaborar sua decisão, deve proporcionar a oportunidade das partes se manifestarem. Esta obrigação é ainda ratificada pelo artigo 9º *"caput"*, artigo 484, parágrafo único, artigo 490, parágrafo único e artigo 919, parágrafo quarto, com base em previsões semelhantes do Direito estrangeiro, como, por exemplo: i) art. 16 do Noveau Code de Procédure Civile, na França; ii) art. 3º, n. 3, do Código de Processo Civil do CPC português; iii) art. 139, do CPC alemão; e iv) art. 183 parágrafo quarto do CPC italiano.

A única exceção prevista no NCPC brasileiro é a do artigo 5º, inciso XXXV, que autoriza a decisão-surpresa em situações de urgência com risco de dano irreparável ou de difícil reparação. Note que ainda assim não há qualquer proibição ao princípio da ampla defesa, pois não se exclui das partes a possibilidade de se alterar posteriormente esta decisão[3]. E como mostram as trinta e cinco decisões que apresento a seguir... Surpreeesaaa! Vou parando por aqui mesmo. Ufa!

Na Filosofia, Platão e Aristóteles já falavam que esta nossa marca ou condição humana de refletir sobre nós mesmos e o que está à nossa volta, o filosofar, vem justamente do espanto e da admiração, logo, da surpresa.

Alguns autores relacionam a surpresa a um tipo de ignorância em uma determinada situação. Eu, particularmente, prefiro relacioná-la a um tipo de descoberta. Em termos estruturais, pode-se dizer que a surpresa depende da forma como o mundo é supostamente organizado. Ordem e desordem são elementos que normalmente são usados para se definir informação, conhecida e desconhecida em certo sentido.

Todavia, não é possível fazer uma abordagem adequada do conceito de surpresa sem levarmos em conta mais um ele-

mento: **o inesperado**. O conceito de inesperado não pode ser definido apenas a partir do conceito de ignorado. A surpresa serve, contudo, para nos informar algo sobre o desconhecido e também inesperado[4].

Mas nem todo evento inesperado é considerado surpreendente, pois as pessoas criam padrões de comparação após a experiência e esses padrões são usados para avaliar o quanto surpreendente foi o evento.

Na Psicologia, esse mecanismo é conhecido como "processamento retrocedente", uma vez que o próprio evento influencia os padrões que serão utilizados para julgar seu grau de surpresa.

Assim sendo, ainda que eu não espere determinado desfecho de uma situação ou ação de alguém, isso não determinará que eu me surpreenda. Exemplificando, quando compramos um veículo, se ele é zero quilômetro e vier com um problema no motor, teremos um evento inesperado e ficaremos surpresos (negativamente). Agora se o veículo tiver mais de 10 anos de uso ou 150 mil quilômetros, ainda que tenha sido adquirido de um fornecedor confiável, esse problema no motor, apesar de não ser esperado, com certeza não nos causará surpresa. Concorda? Veremos com mais detalhe esta situação no capítulo que trata da Surpresa e suas Funções.

Por este e outros motivos que se mostra difícil, e até sem graça, tentarmos administrar o evento surpresa.

*Caraca! Nesta semana vai ter teste surpresa!*

# O PARADOXO DA SURPRESA

> "Pense a longo prazo, mas não deixe de cobrir sua meta deste mês."
> (O Chefe)

Se conseguíssemos mesmo administrar a surpresa, então removeríamos o único elemento que a torna surpreendente. E isso é um oximoro (conceito contraditório na mesma frase, como guerra santa, ilustre desconhecido, silêncio ensurdecedor, etc.), ou seja, pensar que podemos administrar algo que é imprevisível pela própria natureza. É isso que faz o aproveitamento da surpresa tão poderoso para aqueles que aprendem como aceitá-la. Portanto, o segredo para ter controle é abrir mão da necessidade de controlar. Por isso que o dia da Surpresa deve ser surpresa.

E para minha surpresa – e espero que para a sua também – descobri que, além dela estar presente em diversas ciências, existe, também, o **Paradoxo da Surpresa**. Isso mesmo! Mas primeiro devemos entender que paradoxo, segundo o Dicionário

Aurélio, é um conceito que é ou parece contrário ao comum. Um contrassenso, ou seja, uma declaração aparentemente verdadeira que leva a uma contradição lógica ou a uma situação que contradiz a intuição comum.

Em termos simples, um paradoxo é o oposto do que alguém pensa ser a verdade, como aquela frase de Albert Einsten: *"querer resultados diferentes, fazendo sempre a mesma coisa"*. Aliás, esta é a sua definição de insanidade e minha inspiração para a realização de surpresas positivas, pois para isso devemos "fazer coisas diferentes". Lembre-se que se você faz o que todo mundo faz, você é apenas mais um.

E não devemos confundir Paradoxo com Paradigma, que é, segundo o Dicionário Aurélio, aquilo que serve como modelo ou padrão previamente estabelecido e não questionado pela maioria das pessoas. Tanto o paradoxo quanto o paradigma, são fontes inesgotáveis de situações surpreendentes.

Fiquei surpreso em saber que o matemático e filósofo Bertrand Russell em 1901 criou um paradoxo, que chamou de "O Paradoxo de Russell", publicado no seu livro "Princípios das Matemáticas". É mais ou menos assim: considere-se o conjunto "M" como sendo "o conjunto de todos os conjuntos que não se contêm a si próprios como membros". Se todos os conjuntos estão formando o outro conjunto, então ele não pode ser um conjunto. Daí surge o paradoxo, não existe conjunto de todos os conjuntos, nem classe de todas as classes. Se você me disser que a classe está dentro de todas as outras, então está dizendo que ela é maior que ela mesma, o que é um absurdo.

Em 1931, o matemático austríaco Kurt Friedrich Gödel, utilizou um paradoxo semelhante ao de Russell, para provar o seu mais famoso "teorema da incompletude", no qual afirma que qualquer sistema axiomático suficiente para incluir a aritmética dos números inteiros não pode ser simultaneamente completo e consistente. Isto significa que, se o sistema é autoconsistente, então existirão proposições que não poderão ser comprovadas

nem negadas por este sistema axiomático. E se o sistema for completo, então ele não poderá validar a si mesmo, pois seria inconsistente. Confuso, não é? Então vamos exemplificar para ficar mais fácil entender. Você vai se surpreender.

Este paradoxo utilizado por Gödel foi chamado de **Paradoxo do Barbeiro**, onde o barbeiro é um homem que faz a barba somente dos homens da cidade que não barbeiam a si mesmos. Tudo isso parece perfeitamente lógico, até que se coloca a questão paradoxal: Quem barbeia o barbeiro?

Esta questão leva a um paradoxo porque, de acordo com a afirmação acima, ele pode ser barbeado por ele mesmo ou pelo barbeiro (que passa a ser ele mesmo). No entanto, nenhuma destas possibilidades é válida porque se o barbeiro barbear-se a si mesmo, então o barbeiro, ele mesmo, não deve barbear a si mesmo; e se o barbeiro não se barbeia a si mesmo, então ele, o barbeiro, deve se barbear.

Como este, existem vários paradoxos que intrigam a comunidade científica internacional, como, por exemplo: "**esta frase é falsa**". Se realmente ela é falsa, então afirma sua veracidade, porém, se esta frase for verdadeira, ela nos comprova que é falsa. Maluco ou curioso? Surpreendente!

Outra versão é o **Paradoxo do Prisioneiro** que conta a história de um filósofo que cometeu um crime muito grave por ter olhado para uma das esposas do Rei, devendo por isso ser executado. Mas o generoso Rei, porém, permitiu que ele escolhesse ser enforcado ou decapitado: "Se ele disser uma mentira, será decapitado, e se disser uma verdade, será enforcado". O filósofo, então, optou: "Eu serei decapitado". Segundo as más línguas, o filósofo está vivo até hoje, pois o Rei não conseguiu atender ao seu pedido.

E por falar nisso, temos também o chamado **Paradoxo do Enforcamento Inesperado**, que conta a história de um prisioneiro que recebe um ultimato do carrasco, que lhe diz: *"Na pró-*

xima semana você será enforcado antes do entardecer e o dia será uma surpresa". O prisioneiro então começa a raciocinar: *"se eu só serei enforcado ao entardecer, caso estiver vivo na quinta-feira à noite, então é lógico que serei enforcado na sexta-feira e, portanto, não será uma surpresa. Assim eu poderei eliminar a sexta-feira da lista de dias em que eu poderei ser enforcado".*

Continuando com este raciocínio, ele pressupõe que *"se eu não posso ser enforcado na sexta-feira, e estiver vivo na quarta-feira, ser enforcado na quinta-feira não seria também nada surpreendente".* Assim, raciocinando sob esta pressuposição, ele conclui que não pode ser enforcado na quarta, na terça e nem na segunda-feira. Portanto, não será enforcado na semana seguinte.

Mas, para sua surpresa, na semana seguinte ele é enforcado, em um dia que ele não estava esperando, exatamente como o carrasco disse. Portanto, a previsão do carrasco é verdadeira com ou sem a dedução do prisioneiro.

Como podemos notar, qualquer dia que ele morrer, exceto pela sexta-feira, é uma surpresa para ele. Existe um furo neste argumento, qual seja: *"se não pode ser enforcado na sexta, e está vivo na quarta-feira, ser enforcado na quinta não seria também nada surpreendente".* Se ele está vivo na quarta-feira, como ele sabe que até o entardecer do dia não vai morrer? Ele pode morrer na quarta ou quinta-feira, então a morte é uma surpresa.

E, isso causou tamanha surpresa, que nessa mesma linha criaram o **Paradoxo do Teste Surpresa**, no qual um professor anuncia a seus estudantes que haverá um teste surpresa na semana seguinte. Um estudante muito esperto começa a imaginar se é possível adivinhar em que dia o teste vai acontecer. Assumindo que a classe só tem aulas de segunda a sexta-feira, é óbvio que o teste não pode ser sexta. Se assim fosse, na quinta, após o fim da aula, o aluno esperto poderia inferir que o teste seria sexta-feira. E com isso o teste não seria surpresa.

Então, o aluno pressupõe que também não pode ser quinta, pois, se assim fosse, na quarta-feira ele pensaria: *"Ora, não vai ser*

sexta. Como a aula de quarta já acabou, o teste vai ser na quinta". Através de um raciocínio análogo, o aluno pressupôs que o teste não pode ser nem quarta, nem terça, nem segunda. Sendo assim, ele não estudou e foi prontamente reprovado quando o professor aplicou o teste sem qualquer aviso prévio e sem que os alunos pudessem inferir que ele ocorreria naquele dia, o que caracteriza muito bem a nossa noção de surpresa.

Matematicamente, o raciocínio do aluno até parece estar correto, mas isso implicaria que os testes surpresa não seriam possíveis e, como sabemos, eles o são. Aliás, assim como a morte, o teste não deveria ser surpresa, mas sim o dia dele, pois quando você estuda dificilmente será pego de surpresa. E o fato do professor anunciar antecipadamente a prova, já reduz o seu nível de surpresa propriamente dito. Por este motivo que não existe, como apresentado antes, a celebração do Dia da Surpresa. Mas podemos celebrar a Surpresa do Dia.

Então, aproveitando o assunto, você já ouviu falar dos **Paradoxos do Ambiente Corporativo**? Se você já ouviu algumas das afirmações abaixo citadas, com certeza não lhe causará surpresa:

*"Mantenha todos informados, omitindo os erros, é claro!"*

*"Assuma riscos, mas cuidado com os erros."*

*"O trabalho em equipe é importante, mas não se esqueça que você será avaliado pela sua performance individual."*

*"Expresse suas ideias com independência, mas não vá contrariar o chefe."*

*"Seja criativo, mas respeite os padrões e regulamentos."*
*"Prometa somente o que você pode fazer, mas nunca diga não para os pedidos do seu chefe."*

*"Diga sempre a verdade, mas poupe a chefia das más notícias."*

São estas situações que acabam nos colocando em insuportáveis contradições, gerando mau humor e estresse. E como mudá-las? Surpreenda Positivamente. Mas lembre-se de que a surpresa não pode ser anunciada previamente, pois, como as piadas, seu ápice está no final.

*Vixe! Você não sabe o que é uma surpresa?*

# A DEFINIÇÃO DE SURPRESA

*Surpresa é a vida a cada segundo.*
(Marcelo Pinto)

**Bom, vamos primeiro procurar definir o que é surpresa?**

Segundo o dicionário Michaelis, sur.pre.sa é um sobressalto proveniente de um caso imprevisto e rápido, causando admiração, pasmo ou espanto. É aquele prazer inopinado que nos causa à vista de pessoa ou coisa agradável, com que não contávamos. São os acontecimentos que sobrevêm de repente ou ainda uma ação calculada com que se pretende agradar ou ser útil a alguma pessoa sem esta o prever nem o esperar (ex.: ataque surpresa, efeito surpresa, festa surpresa).

Surpresa, então, é um fato ou coisa que causa fascínio *(Para ninguém foi surpresa ele ter ganhado o primeiro prêmio)*, admiração *(A atitude dele foi uma surpresa para mim, não esperava isso)* ou espanto *(Aquela notícia deixou-me perturbado o resto do dia)*, por ser

inesperado *(Nossa! Você veio me visitar!)*, repentino *(De repente ela apareceu)*, não anunciado previamente, ou seja, imprevisto *(Aparecendo assim, sem avisar, você mata a vovó do coração)*.

Portanto, surpreender positivamente consiste em pegar alguém repentinamente ou agir de improviso sobre alguém, para alegrá-la ou causar um prazer inesperado e agradável.

Na maioria dos casos, o verbo surpreender tem uma conotação positiva, porque a pessoa surpreendida fica maravilhada ou deslumbrada. Apesar disso, em algumas circunstâncias, o termo surpreender pode remeter para a obtenção de alguma coisa de forma furtiva ou fraudulenta, que, aliás, não é o ponto deste livro.

Assim, surpreender uma pessoa implica causar nela um impacto ou uma memória que permaneça durante muito tempo. Por esse motivo, é comum indivíduos tentarem surpreender as pessoas mais importantes das suas vidas, como os filhos, namorada(o) ou esposo(a) e, sobretudo, o seu cliente, seja ele interno ou externo. Muitas ideias para surpreender essas pessoas são usadas em ocasiões importantes, como no aniversário, dia do cliente, dia dos namorados, pedidos de casamento, etc.

A Surpresa apresenta como **sinônimos** as palavras abalo, admiração, assombro, comoção, emoção, espanto, espavento, pasmo, brinde, regalo e susto, dentre outras. Ela pode **ser traduzida** em inglês e francês por *surprise* e em espanhol e italiano por *sorpresa*, termos muito semelhantes ao qual a conhecemos. Isso porque, **etimologicamente**, a origem da palavra surpresa vem do francês "surprendre", de "sur" (sobre), mais "prendre" do latim "prehendere" (agarrar, prender, pegar à força).

Enfim, pela etimologia, surpresa é o que prende, o que nos pega inesperadamente. Para memorizarmos de forma mnemônica, imaginemos a cena do ladrão, que está achando que escapou da cena do crime, quando é repentinamente capturado pelo policial que inesperadamente pula de uma árvore sobre ele. Percebeu?

Os **adjetivos** mais aplicados à surpresa são: arregalado, atônito, boquiaberto, inesperado, mirabolante, surpresado, arrepiado.

E as **expressões mais comuns** ao sermos surpreendidos são: cair o queixo, cair das nuvens, cair de quatro, cair do cavalo, danou-se, de boca aberta, pegar no flagra, etc.

Já as **interjeições** mais utilizadas são: Wow! Uau!, Minha Nossa Senhora!, Nossa!, Cruz credo!, Caraca!, Opa!, Oxente, Virgem!, Vixe!, Bah!, Barbaridade!, Ô loco!, Céus!, Pombas!, Oh!, Santo Deus!, Aff!, Cacilda!, Caramba!, Misericórdia!, etc.

Interessante notar alguns **Eufemismos** (figuras de linguagem que aplicam termos mais agradáveis) relacionados à surpresa, tais como: "caramba" e "puxa". A título de curiosidade, dizem que a interjeição "caramba" foi importada do espanhol, para disfarçar um palavrão, substituto de *"carajo"*, tornando-o possível transitar em ambientes familiares, assim como "cacilda", "caracas" e o mais disfarçado de todos, o famoso "puxa".

Segundo artigo publicado no site da revista Veja, da Abril, a interjeição "puxa", às vezes empregada também como "puxa vida", diz-se ter nascido do espanhol *"pucha"*, com a troca do "t" pelo "ch" escondendo a prostituta que estava na origem da exclamação. Curiosamente, os mesmos dicionários respeitáveis que registram tudo isso são tímidos ao falar da interjeição "poxa", que é um brasileirismo. Informam que "poxa" é uma variante de "puxa", o que é verdade, mas se omitem sobre a evidente mudança de palavrão provocada pela troca da vogal[5].

Notem que os eufemismos são pronunciados em momentos de emoção. Então a surpresa é uma emoção?

---

5 http://veja.abril.com.br/blog/sobre-palavras/consultorio/caramba-puxa-e-outros-eufemismos/

*Aff! Até fiquei emocionada!*

# A SURPRESA É UMA EMOÇÃO?

*"Não me surpreenda com grandes palavras.*
*Me surpreenda com pequenas atitudes."*
(autor desconhecido)

Mas primeiro me responda: O que é uma emoção? Segundo o Dicionário Aurélio, em síntese, é uma reação intensa e breve do organismo a uma situação inesperada, que se acompanha de um estado afetivo de conotação agradável ou penosa.

O termo deriva do latim *"emovere"*, que significa "colocar em movimento", ou seja, emoções são reações a situações favoráveis ou não, que nos colocam em estado de alerta para enfrentá-las com os artifícios que dispomos naquele momento.

As emoções podem ser classificadas em positivas e negativas, usadas para representar comportamentos que surgem como consequências destas. As emoções positivas são representadas pela alegria, prazer e interesse, enquanto o grupo das negativas é formado por raiva, aborrecimento, medo, nojo, desprezo e tristeza.

Eu particularmente entendo que a surpresa é uma emoção, ainda que secundária, por vir acompanhada de outras emoções

como alegria e tristeza, mas este ponto de vista é atualmente extremamente dividido e controverso, chegando ao ponto de se considerar a surpresa um **reflexo inato**, comparando-a ao susto, por preparar o organismo para emoções posteriores.

Para o sociólogo indiano Krishan Kumar, a surpresa é considerada **uma não-emoção**, capaz de intensificar e modificar o tipo de emoções sentidas por uma pessoa, tendo uma importante função de ampliação da memória, levando a uma melhor memorização do evento surpreendente.

O psicólogo Carroll Ellis Izard reconhece que a surpresa, assim como a alegria ou tristeza, **não é uma emoção**, sendo ativada por um aumento drástico na ativação neural.

Para o professor de Análise do Comportamento do Consumidor Christian Derbaix e a professora de Marketing Joelle Vanhamme, a Surpresa é "uma **emoção neutra** (sem valência) e de vida curta, capaz de intensificar ou até mesmo modificar o tipo de emoções sentidas por alguém, quer sejam positivas ou negativas".

Para outros autores, como o psicólogo Philip N. Johnson-Laird, a Surpresa **é uma emoção**, ainda que não seja necessariamente uma emoção básica ou primária. Estou com ele.

Portanto, neste livro vamos tratar a surpresa como uma emoção básica, que tem a especificidade de poder ser percebida pelo indivíduo como positiva ou negativa, dependendo da forma e conteúdo que lhe deu origem por um lado e, por outro lado, da expectativa ou situação concreta em que o indivíduo se encontra.

Dentre as oito emoções básicas propostas pelo psicólogo estadunidense Robert Plutchik, temos a surpresa, ao lado do medo, raiva, alegria, tristeza, desgosto, aceitação e expectativas. Segundo ele, estas emoções básicas são biologicamente primitivas e disparam um comportamento que é de alto valor de sobrevivência, tal como o modo que o medo inspira a reação de lutar ou fugir.

Para finalizar, nos conta Vanhamme que um grupo da Universidade de Bielenfeld, na Alemanha, descreve a surpresa como

sendo uma síndrome de reações, caracterizada por manifestações em três níveis:

- **nível subjetivo:** experiência subjetiva de surpresa com aquelas verbalizações espontâneas mencionadas no capítulo em que a conceituamos;
- **nível fisiológico:** mudança no ritmo da respiração e dos batimentos cardíacos, melhor condutibilidade da pele e ativação neural, além de manifestações químicas com a liberação de adrenalina;
- **nível comportamental:** interrupção das atividades em andamento, concentração da atenção sobre o evento que desperta a surpresa, e expressões faciais marcantes (a testa se levanta, criando rugas os olhos aumentam ficando redondos e a boca se abre num formato oval)[6].

Também devemos destacar que a surpresa é uma emoção altamente transitória. Ela geralmente é provocada por um inesperado e súbito evento que aparece de maneira muito rápida, até para que possamos nos surpreender com ela, tornando-a uma emoção difícil de descrever. Por isso que, quando um acontecimento ocorre lentamente, não provoca qualquer surpresa. Para ficarmos surpreendidos com qualquer coisa, o acontecimento tem que ocorrer subitamente e temos de estar desprevenidos, não acreditando que aquilo poderia realmente acontecer. Você acredita nisso?

---

[6] Juliano A. Larán e Carlos Alberto Vargas Rossi – Surpresa e a Formação da Satisfação do Consumidor – RAE – eletrônica – v.5, n. 1, Art. 1, jan/jun – 2006 – IAAN 1676-5648 – Fundação Getúlio Vargas – Escola de Administração de Empresas de São Paulo

*Uau! Não acredito que isso aconteceu comigo!*

# A SURPRESA E A INCREDULIDADE

*"Baudelaire disse que a surpresa e o espanto são as características básicas de uma obra de arte. É o que penso."*
(Oscar Niemeyer, arquiteto brasileiro)

A incredulidade como todos sabemos é a descrença ocasionada pela quebra da expectativa, como na situação: *"Marcelo pagou o meu almoço. Mas você acredita que hoje ele pagou?"*. (Meus amigos que o digam com que frequência isso vem deixando de ser uma surpresa). Assim, neste caso, a surpresa pode estar relacionada à informação do interlocutor e não à sua crença.

Na realidade, todos nós possuímos diversos repertórios adquiridos durante anos e baseados em experiências individuais. Quando alguma expectativa que criamos, com base neste repertório, é quebrada, pode gerar uma surpresa, que muitas vezes não é experimentada por outra pessoa que tenha passado pela mesma situação, devido a possuir um repertório diferente.

O psicólogo Claudio Cresti entende que na incredulidade o falante exprime um sentimento de surpresa a respeito de sua própria crença e demonstra bastante respeito pelo interlocutor. A surpresa, então, pode ter relação com a crença ou com a informação do interlocutor.

Ainda segundo Cresti, as atitudes de incredulidade e surpresa pertencem à classe dos atos ilocutórios expressivos, ou seja, ato de fala em que o locutor pretende exprimir os seus sentimentos ou emoções, face ao estado de coisas representado pelo conteúdo proposicional do enunciado produzido.

As ilocuções de expressão referem-se a uma atitude de manifestação estética de humores, crenças e emoções e são divididas em expressão de crença (contrastante, incredulidade, dúvidas e ironia), expressão de estado de ânimo (incerteza, surpresa, medo, exclamação) e expressão baseada na relação falante/interlocutor (concessão, acordo). Nota-se então que Cresti considera a incredulidade e a surpresa em domínios diferentes[7].

Portanto, a incredulidade pode gerar uma surpresa, mas não se confunde com ela, pois na incredulidade há uma expectativa, já na surpresa não há. A incredulidade baseia-se em uma informação prévia, enquanto a surpresa envolve mais afetividade. A expressão que caracteriza a incredulidade é "não acredito!", enquanto que ao final de um enunciado de surpresa, caberia a expressão "Wow!" ou "Uau!".

---

[7] Bruna Ferreira Valenzuela de Olivera, Juliana Preisser Godoy e Silva e César Reis – Considerações iniciais sobre um estudo comparativo entre incredulidade e surpresa

*Oxente! Por essa eu não esperava!*

# A SURPRESA E AS EXPECTATIVAS

*"A cada manhã, exijo ao menos a expectativa
de uma surpresa, quer ela aconteça ou não.
Expectativa, por si só, já é um entusiasmo."*
(Martha Medeiros, jornalista e poetisa brasileira)

**É** sabido que as expectativas são pensamentos que criam um padrão de referência para o julgamento do consumidor. E quando os resultados são diferentes deste padrão, ocorre a desconfirmação de expectativas, como veremos no capítulo que trata da surpresa e satisfação.

Esta desconfirmação de expectativas está implícita na surpresa, motivo pelo qual os consumidores com elevados níveis de satisfação e insatisfação apresentam os maiores níveis de surpresa positiva ou negativa.

Os desejos dos consumidores, também chamados de "expectativas desejadas", serão provavelmente diferentes de suas crenças, também chamadas de "expectativas preditivas". As expectativas são pensamentos que criam uma estrutura de referência sobre o qual os consumidores fazem julgamentos comparativos. Quando os resultados são diferentes desta estrutura, ocorre a desconfirmação de expectativas.

Portanto, resultados superiores à expectativa (não confirmação positiva) são avaliados acima desse ponto de referência, já os resultados inferiores ao esperado (não confirmação negativa) são avaliados abaixo dessa base, o que tende a gerar insatisfação.

As expectativas do consumidor são influenciadas:

i) pelas comunicações de marketing;
ii) pela comunicação boca a boca;
iii) necessidades pessoais;
iv) experiências passadas.

Para analisar a relação entre as expectativas e a surpresa, esses quatro fatores formadores devem ser observados.

O economista estadunidense e educador Kenneth Boulding, juntamente com outros pesquisadores, propõe três diferentes classes de expectativas:

i) a primeira consiste em expectativas como previsões, em que consumidores formam expectativas sobre o que acontecerá no próximo encontro de serviço;
ii) o segundo padrão de expectativas é aquele em que o consumidor espera do serviço ou produto aquilo que ele pensa que merece receber;
iii) em terceiro vem a expectativa ideal, que corresponde ao que o consumidor quer, num senso idealizado.

Em relação à formação da surpresa, existem divergências quanto ao papel das expectativas. De acordo com pesquisador William Charlesworth, a surpresa resulta de uma expectativa não confirmada. Já para outros pesquisadores, a surpresa pode refletir tanto a violação como a confirmação de uma expectativa. Desta forma, as expectativas de um consumidor são fatores indispensáveis à formação de uma surpresa positiva ou negativa.

Um aspecto relevante formador das expectativas do consumidor são as suas experiências anteriores. Os serviços são percebidos pelo consumidor de maneira subjetiva. Estes são traduzidos pelo consumidor em termos de experiência, confiança, sentimentos e segurança. As características dessa experiência estão relacionadas à qualidade em serviços, na qual fatores considerados como importantes pelos consumidores servem de referência para aprimorar os serviços ao cliente.

Em um shopping center, por exemplo, o *mix* de opções é o elemento controlado pelos gestores do marketing na geração de expectativas e também responsável pela geração da percepção da qualidade e satisfação do consumidor em relação a esse serviço.

De acordo com a tese de doutorado em Administração da Silvana Hastreiter, o shopping center apresenta nove dimensões de serviços:

1. acesso e estacionamento;
2. arquitetura e atmosfera do shopping Center;
3. qualidade e preço;
4. mix de lojas;
5. serviços;
6. comodidade e conveniência;
7. atendimento e composto promocional,
8. praça de alimentação;
9. lazer e entretenimento.

A união dessas dimensões estabelece a experiência de consumo em seus clientes e a criação de suas expectativas, que ao final poderá surpreendê-lo ou não, determinando assim o seu nível de satisfação.

*Ô loco! Depois dessa eu deveria ficar satisfeito?*

# A SURPRESA E A SATISFAÇÃO

*A surpresa influencia diretamente no grau de satisfação do cliente.*
(Marcelo Pinto)

De acordo com o professor de Filosofia Robert Solomon, a satisfação é determinada pelas sensações globais ou atitudes que as pessoas têm em relação a um produto ou serviço depois de comprá-lo ou usá-lo. E Joelle Vanhamme define a satisfação como um estado psicológico e relativo que resulta da avaliação de uma compra ou de uma experiência de consumo. Desta forma, a satisfação apresenta um vínculo natural com julgamentos cognitivos e reações afetivas provocadas no consumo.

Os julgamentos cognitivos presentes na formação da satisfação são representados pelo modelo de desconformidade das expectativas, como já vimos. Esta desconformidade pode apresentar duas polaridades: a negativa acontece quando o desempenho de um produto ou serviço esperado pelo consumidor é menor do que o padrão estabelecido. E a positiva que ocorre quando a performance do produto ou serviço é superior ao padrão esperado. Quando o desempenho for igual ao padrão esperado, a valoração é nula e as expectativas são confirmadas.

Portanto, a surpresa positiva ocorre quando conseguimos quebrar positivamente os padrões de atendimento que o cliente tem em mente.

De acordo com Vanhamme, a surpresa pode ter uma ligação direta e indireta com a satisfação. O papel indireto desenvolvido no contexto do consumo ou experiência de compra, aumenta a intensidade de todas as emoções positivas ou negativas. Quanto mais intensamente positiva ou negativa a emoção vinculada à surpresa, mais essa junção irá corresponder a um aumento ou decréscimo dos níveis de satisfação do consumidor.

Assim, a surpresa influencia a satisfação do consumidor, amplificando as emoções envolvidas no contexto que provocou o fator surpreendente. Por sua vez, essas emoções, como a alegria, entusiasmo, orgulho, otimismo (exemplos de emoções positivas), intensificam o nível de satisfação. Se emoções negativas estiverem envolvidas, os níveis de satisfação serão menores, podendo levar a insatisfação.

Portanto, a surpresa assume uma posição central como fator de influência em todo o processo emocional de formação da satisfação do consumidor, pois possui um componente afetivo muito marcante.

A ligação direta da surpresa com a satisfação acontece quando esta é considerada somente por seu lado afetivo. Como a surpresa teoricamente pode intensificar qualquer reação afetiva, ela pode também avivar a satisfação.

A satisfação apresenta três diferentes estados qualitativos definidos pela combinação com três variáveis emocionais: contentamento, prazer e surpresa. Diversos autores encontraram evidências de que **altos níveis da combinação de alegria e surpresa formam a emoção "encantamento"**. Por sua vez, o encantamento é representado pelo mais alto grau de satisfação do consumidor.

E esta satisfação pode aumentar ou diminuir com a surpresa, isso porque as avaliações pós-consumo podem gerar satisfação, insatisfação, arrependimento ou dissonância cognitiva, que é quando uma pessoa possui uma opinião ou um comportamento que não condiz com suas atitudes.

A relação da surpresa com a satisfação depende muito dos benefícios e custos percebidos pelo consumidor, sendo moderada por uma série de variáveis relacionadas ao produto ou serviço, quais sejam, envolvimento, sexo, idade, humor, conhecimento e personalidade.

Tanto a atenção que damos ao evento, quanto ao contexto em que ele ocorre, também influencia diretamente em nosso nível de surpresa, pois isso nos ajuda a buscar uma explicação para o que ocorreu subitamente, principalmente se esta surpresa foi negativa.

A alta ativação inerente à surpresa amplificaria as emoções subsequentes em relação ao produto ou serviço, assim como a alegria, e essas emoções aumentariam o nível de satisfação do consumidor, chegando até ao encantamento.

Alguns pesquisadores já encontraram como antecedentes de altos níveis de satisfação, os sentimentos de felicidade, contentamento e encantamento na busca de relacionamentos com os clientes.

A surpresa positiva gera boas emoções que têm uma influência positiva forte na satisfação de forma independente. A ocorrência de uma situação surpreendente positiva irá inibir a ocorrência de emoções negativas, o que também irá impactar a satisfação.

Já a geração de uma surpresa negativa impedirá a ocorrência de emoções positivas, o que também tende a causar insatisfação. Assim como o mau humor contamina mais rápido do que o bom humor contagia, é facilmente visível a força maior da surpresa negativa em comparação com a surpresa positiva, isso porque as perdas têm impacto maior que os ganhos. Isso é conhecido como o "Poder da Surpresa Negativa"[8].

Para exemplificar este poder, vou repassá-los o que já ouvi por diversas vezes sobre a existência de uma pesquisa encomendada pela Ford Motors, na qual se concluiu que um cliente satisfeito conta em média para oito pessoas sua satisfação. Já o cliente insatisfeito conta em média para vinte e duas pessoas sua insatisfação com o atendimento, portanto, o cliente pode não se lembrar do que você disse ou fez, mas com certeza ele se lembrará do que sentiu ao ser tratado por você.

Prova disso é a grande discrepância de acessos entre os sites "Reclameaqui", com um índice de utilização extremamente maior do que o do site "ElogieAki". Já havia percebido isso? Não é uma maneira interessante de se medir o impacto da surpresa positiva ou negativa?

---

[8] Juliano A. Larán e Carlos Alberto Vargas Rossi – Surpresa e a Formação da Satisfação do Consumidor – RAE – eletrônica – v.5, n. 1, Art. 1, jan/jun – 2006 – IAAN 1676-5648 – Fundação Getulio Vargas – Escola de Administração de Empresas de São Paulo.

*Opa! Agora adicione duas xícaras de uma boa dose de surpresa e pronto.*

# A SURPRESA PODE SER MEDIDA?

> "A emoção surpresa é a mais sumária das emoções básicas, durando apenas alguns segundos."
> (A. Freitas-magalhães, psicólogo e autor português)

É muito importante que consigamos medir tudo o que fazemos, para que possamos acompanhar se estamos evoluindo ou não. E com a surpresa não poderia ser diferente, pois quanto mais surpreendentes positivamente forem as nossas ações, mais fácil e rápido conquistaremos e encantaremos novos clientes.

Agora, você acha possível medirmos a surpresa ou sua intensidade? Joëlle Vanhamme acredita que sim e nos apresenta três tipos de medição da surpresa:

- **a medida indireta objetiva** que é dividida em três tipos:
    i) **tempo de reação** – a pessoa surpreendida demandará mais tempo para realizar uma ação simples, pois a surpresa suscita a interrupção de toda atividade que vinha sendo realizada;

ii) **número de repetições do estímulo** – quando a surpresa é positiva, sentimos a necessidade de nos submetermos aos seus eventos causadores por um número maior de vezes, até que sejamos saciados;

iii) **número de lembranças precisas** – uma vez que a surpresa suscita uma maior concentração da atenção, acaba por melhorar a performance de nossa memória.

- **a medida direta objetiva**, que também é dividida em três tipos, já vistos no capítulo que trata da surpresa como emoção, mas que vale a pena retomar aqui:

i) **medida do componente expressivo** – facilmente visível por conta da tensão muscular gerada, fazendo com que as sobrancelhas se levantem e os olhos e boca fiquem bem abertos;

ii) **medida do componente fisiológico** – dificilmente visível, pois envolve a condutibilidade da pele, a dilatação da pupila e a ativação neural, que necessitam de aparelhagem complexa para serem identificadas;

iii) **verbalizações espontâneas** – medidas pelo número de perguntas feitas pelo consumidor, como, também, das exclamações vocalizadas apresentadas no capítulo em que conceituamos a surpresa.

- **a medida direta subjetiva:** esta diz respeito ao relatório verbal das experiências de surpresa, dependendo totalmente da capacidade de retrospecção e de introspecção do consumidor. Exemplo de uma expressão de surpresa positiva: *"Achei a experiência legal, há tempos eu não sentia isso, muito menos de eu ter vontade de contar para alguém"*; e agora de uma surpresa negativa: *"Se eu já soubesse que isso poderia acontecer, não teria sido um problema tão grande. Fiquei totalmente insatisfeito"*.

A surpresa também se manifesta em momentos em que não se tinha expectativas, ou seja, em que nada se esperava e algo de diferente aconteceu. Um exemplo de surpresa negativa com a renovação de uma assinatura de revista: *"Não imaginei que renovariam automaticamente. Pensei que me ligariam, nunca imaginei esse desfecho. Estou surpreso com tudo isso"*.

Assim, quando algo diferente acontece, se a surpresa for negativa, a primeira reação é prevenir as pessoas. E se for positiva, é dividir ou, melhor, compartilhar ou até mesmo propiciar aos outros a mesma alegria sentida.

A melhor forma de gerar um nível de satisfação nos consumidores, que supere o que os concorrentes possam oferecer, é o uso da surpresa positiva. **E é sabido que a surpresa boa atenua uma surpresa negativa anterior.** Essa é a mágica da Surpresa Positiva, a qual permite que eventuais problemas posteriores dificilmente apaguem a marca deixada por ela.

*Nossa! Que cara de surpresa é essa?*

# A EXPRESSÃO FACIAL DA SURPRESA

> *"Julgo que a surpresa é sentida como uma emoção pela maioria das pessoas."*
> (Paul Ekman, psicólogo estadunidense)

E por falarmos em marca e na expressão facial da surpresa, o psicólogo português A. Freitas-Magalhães destaca que o espanto, a perplexidade e o sobressalto são algumas das marcas e características associadas à emoção surpresa.

As reações psicofisiológicas caracterizam-se pelo erguer acentuado das sobrancelhas, com o consequente aumento de incidência de luz nos olhos.

Como já vimos, a emoção surpresa é a mais sumária das emoções básicas, durando apenas alguns segundos. É uma experiência breve e inesperada. Ela acontece apenas no momento em que decorre a situação que nos surpreende e, depois disso acontecer, a surpresa pode passar a alegria, satisfação, encantamento, alívio, raiva, medo, aversão ou pode, também, acontecer de não ser precedida de qualquer emoção, por não gerar qualquer consequência.

**WOW!**

O psicólogo estadunidense Paul Ekman argumenta: *"Julgo que a surpresa é sentida como uma emoção pela maioria das pessoas. Um momento ou dois antes de nos apercebermos do que se está a passar, antes de mudarmos para outra emoção ou mesmo nenhuma emoção, a surpresa pode ser algo bom ou mau"*[9].

Para Ekman, a surpresa se expressa em nossa face com os seguintes marcadores:

- Os olhos ficam bem abertos;
- As sobrancelhas se elevam;
- A raiz do nariz encolhe
- Ocorre uma dilatação das narinas;
- As bochechas elevam-se;
- A boca fica aberta em forma de elipse;
- O queixo se eleva.

Assim conseguimos ter um plano de visão ampliado, para nos certificarmos de tudo aquilo que realmente está acontecendo e recebemos uma quantidade maior de ar que nos prepara para uma eventual reação caso seja necessária, cumprindo assim algumas funções da surpresa.

---

9 O Código de Ekman - O Cérebro, a Face e a Emoção, A. Freitas-magalhães, 2011, Universidade Fernando Pessoa, e A Psicologia das Emoções - O Fascínio do Rosto Humano - Por A. Freitas-magalhães)

*Ei, espere! Não vá por aí
que tem um leão!*

# A SURPRESA E SUAS FUNÇÕES

*A surpresa é um fator evolucionário que
amplifica emoções e a memória.*
(Marcelo Pinto)

A surpresa, como já vimos, está relacionada a eventos antagônicos às expectativas e crenças do indivíduo, sendo gerada por fatos inesperados, ou seja, aqueles em que as expectativas são vagas e indefinidas ou até desconhecidas, como no caso de um novo produto lançado no mercado.

Uma experiência ou evento inesperado não necessariamente pode ser considerado surpreendente. Como no exemplo mencionado linhas atrás, quando compramos um carro. Se este carro é zero quilômetro e vier com um problema no motor, teremos um evento inesperado e ficaremos surpresos (negativamente), agora se o carro tiver mais de 10 anos de uso ou 150 mil quilômetros rodados, ainda que tenha sido adquirido de um fornecedor confiável, esse problema no motor, apesar de não ser esperado, com certeza não nos causará surpresa.

Então, quando ocorre a violação da expectativa, assim como uma resposta à descoberta ou novo aprendizado, soltamos aquele

"WOW". Isso porque criamos padrões de comparação após uma experiência de consumo e esses padrões podem ser utilizados para avaliarmos o quanto foi surpreendente esta experiência.

Segundo os estudiosos do assunto, podemos citar como algumas das funções da surpresa a de **ajudar a nos adaptar ao ambiente pela atualização** de nossa base de conhecimento, preparando-nos para lidarmos efetivamente com um evento novo ou repentino e as consequências dele advindas, mostrando-se, portanto, de extrema importância para que possamos lidar com mudanças repentinas de cenários e se tornando um relevante **fator evolucionário**.

Exemplo disso é quando nos surpreendemos ao entrar em determinada loja, seja por uma atração ou entretenimento inesperados, que nos marcam, talvez por nos remeter à infância. Com certeza, após passarmos por esta experiência, dificilmente algo parecido nos surpreenderá novamente.

Se em determinado lugar e horário eu for surpreendido por um leão, caso consiga sobreviver, com certeza passarei a evitar este mesmo lugar naquele horário.

A surpresa também pode exercer, como já destacado anteriormente, a **função de amplificadora de emoções subsequentes**, como a satisfação e o encantamento, visto que possui um forte componente afetivo. Portanto, a surpresa irá ganhar uma tonalidade diferente de acordo com as emoções geradas a partir do evento surpreendente, sejam elas positivas ou negativas.

A surpresa também tem uma importante **função de ampliação da memória**, pois foca a nossa atenção no evento causador desta surpresa nos levando à melhor memorização do evento surpreendente em relação a eventos não surpreendentes. E isso ainda nos propicia uma lembrança do evento por muito mais tempo.

Então, se você quer ser lembrado pela sua liderança, clientes concorrência ou parceiros, sempre que surgir uma oportunidade, SURPREENDA. E de preferência POSITIVAMENTE.

*Uma vaca colorida. Como é que eu poderia me esquecer disso!?*

# A SURPRESA AJUDA NA MEMORIZAÇÃO

> *"Que maravilhosa surpresa é entender algo que a gente havia decorado."*
> (Johnny De Carli, escritor)

Como vimos no capítulo anterior, uma das funções da surpresa é facilitar a memorização. Diante do desconhecido, o cérebro se empenha para que nos lembremos não apenas da novidade, mas também das circunstâncias que envolvem o fato que a originou, o que nos ajuda a aprender de forma mais prazerosa e eficiente.

Pense nesta situação: todo dia você faz o mesmo caminho de casa até o trabalho, com o mesmo carro, pelas mesmas ruas, atravessando a mesma rotatória com o mesmo canteiro, quando, de repente, algo estranho acontece. Você vê a estátua de uma vaca malhada e toda colorida pastando no canteiro central da rotatória ou até mesmo uma gigante boca com um lindo sorrisão. É preciso que alguém buzine para lembrá-lo de que deve acelerar.

# WOW!

Certamente você vai se lembrar durante muito tempo dessa surpresa no trânsito matinal a caminho do trabalho, até porque irá comentar com inúmeras pessoas e, com certeza, recordará também as circunstâncias: que o sol brilhava forte ou chovia torrencialmente, que no rádio tocava aquela sua música preferida ou a propaganda de um famoso refrigerante, que rosas amarelas cresciam em um jardim próximo e assim por diante. Por outro lado, todas as particularidades relativas às outras incontáveis vezes que você já passou por essa mesma rotatória já devem ter sido esquecidas.

Psicólogos e marqueteiros já sabem a razão disso há algum tempo. Se vivemos uma situação nova – inesperada e surpreendente – em um contexto normalmente conhecido, esse acontecimento fica gravado de forma mais intensa em nossa memória.

Mas por que é assim? Daniela Fenker e Hartmut Schütze nos ensinam, no artigo "O Fascínio da Surpresa", publicado na Revista Scientific American, ser importante ressaltar que diversas regiões cerebrais participam dos processos de percepção, processamento e memorização de novas impressões sensoriais. Uma das mais importantes é o hipocampo, que se localiza na parte inferior interna do lobo temporal. Além dele, outras regiões do mesencéfalo, como a substância negra (SN) e a área tegmentar ventral (A TV), desempenham papel importante nessa atividade.

No Instituto de Neurologia Cognitiva da Universidade Otto von Guericke, em Magdeburgo, os pesquisadores Emrah Düzel e Nico Bunzeck, da University College em Londres, estudaram como as células neurais dessas áreas se comunicam entre si. Essa função é desempenhada no cérebro por neurotransmissores chamados "substâncias mensageiras", com destaque para a dopamina.

O hipocampo contribui tanto para a fixação de conteúdos na memória quanto para sua reativação. Novos estímulos, de maneira geral, tornam as lembranças mais ativas do que aquelas que se referem aos fatos já conhecidos, por isso ele é considerado o "detector de novidades" do cérebro.

Nesse processo, o hipocampo parece comparar as informações sensoriais que chegam com o conhecimento já memorizado. Se eles não coincidem, o hipocampo envia o sinal *"atenção, novo!"* através de diversas estações intermediárias, como o núcleo *"accumbens"* e o *"pallidum ventral"*, até as regiões já citadas da substância negra e da área tegmentar ventral. Delas, saem fibras neurais de volta para o hipocampo, fazendo com que a dopamina seja liberada várias vezes.

Essa realimentação é a base biológica para lembrarmos melhor dos fatos ocorridos em um contexto de novidades. Conforme descobriram em 2003, Shaomin Li e seus colegas no Trinity College em Dublin, Irlanda, essa liberação de dopamina no hipocampo de ratos de laboratório facilita a potenciação de longa duração, um fortalecimento duradouro da ligação entre as células neurais, ou seja, das sinapses.

Nesse processo, impressões sensoriais ativam continuamente o processamento sináptico entre certos neurônios por um longo período. Com isso, os contatos entre as células se fortalecem, possibilitando a gravação do conteúdo da memória por longo prazo.

O mecanismo ocorrido no hipocampo utiliza a dopamina como substância mensageira mais importante desse processo, como comprovaram outros experimentos dos pesquisadores de Dublin.

Substâncias que bloqueiam o efeito da dopamina impediram a formação da memória em ratos. Mas, até então, ainda não havia sido esclarecido em que medida essa realimentação que ocorre entre o mesencéfalo e o hipocampo também ajuda seres humanos a descobrir coisas novas e a guardá-las na memória[10].

Por este motivo que acontecimentos surpreendentes, e em especial positivos, permanecem gravados em nossa memória por um tempo maior, ainda mais quando somados ao fato da repetição ocorrida sempre que comentamos com alguém esta surpreendente situação.

E que tal se aplicarmos este benefício da surpresa positiva na educação e em especial no ambiente escolar?

---

10 O fascínio da surpresa (http://www.methodus.com.br/artigo/667/o-fascinio-da-surpresa.html) Revista Scientific American - por Daniela Fenker e Hartmut Schütze

*Teste Surpresa? Só existe para quem não estudou!*

# A SURPRESA NA EDUCAÇÃO ESCOLAR

*"Decifra-me, mas não me conclua, eu posso te surpreender."*
(Clarice Lispector, escritora brasileira)

Outra questão interessante: quanto tempo dura o efeito positivo da surpresa em nossa memória? Sabe-se pelos experimentos dos pesquisadores da Irlanda, liderados por Shaomin Li, que, em roedores, o efeito ocorre não apenas durante a oferta de novos estímulos, mas também por um considerável período depois.

Estudos mostram que pode ser facilmente desencadeada no hipocampo dos ratos uma potenciação de até trinta minutos após a estimulação neural. Ou seja, após depararem com uma novidade, os cérebros das cobaias pareciam mais aptos a armazenar informações.

Mas o que aconteceria a seres humanos se lhes apresentássemos novos estímulos antes de uma atividade de ensino? Essa prática pode favorecer a aprendizagem e torná-la mais prazerosa? A fim de responder a essas questões, desenvolveu-se um experimento no qual foram apresentadas diversas fotografias a pessoas com idade entre dezoito e trinta anos, registrando a sua atividade cerebral por meio de ressonância magnética funcional. Além disso, os participantes da pesquisa receberam uma série de palavras que deviam organizar segundo o seu significado.

No dia seguinte, o experimento teve continuidade. Foram apresentadas novas imagens aos sujeitos que compunham o grupo experimental. Os demais, do grupo de controle, viram as mesmas figuras já conhecidas no dia anterior. Na sequência, todos receberam mais uma vez a lista de palavras já trabalhada. Por fim, eles deviam tentar lembrar o maior número possível de conceitos. Nessa tarefa, o desempenho da memória dos participantes do grupo experimental também foi claramente melhor do que o do grupo de controle. Os participantes aos quais foram mostradas novas imagens antes da lista de palavras puderam lembrar-se de maior número de vocábulos do que aqueles aos quais foram exibidas fotos conhecidas.

O experimento focou no hipocampo, por ser a parte do lobo temporal do córtex, onde informações de diversos sistemas sensoriais se juntam; e desempenha um importante papel para a formação da memória. Se ele deixa de funcionar nos dois hemisférios cerebrais, a pessoa afetada já não é capaz de gravar novas informações na memória de longo prazo.

Nos participantes do grupo experimental, o hipocampo, diretamente envolvido na reativação de memória, assim como a substância negra e a área tegmentar ventral, mais uma vez se mostraram mais ativos durante a observação de novas imagens, em comparação com aqueles que viram fotografias conhecidas. Pode-se concluir que a novidade também estimula a potenciação de longa duração no hipocampo – até mesmo depois de transcorrido certo tempo da apresentação, ou seja, como já vimos no capítulo anterior que trata da memorização, uma das principais funções da surpresa, a novidade surpreendentemente positiva pode estimular o aprendizado e a memória, além de tornar mais agradável e eficiente o desafio de aprender.

Essa conclusão fornece aos educadores uma possível ferramenta para a estruturação mais eficiente de suas aulas: **o uso estratégico de conteúdos-surpresa.**

> **Dica surpreendente:** seria conveniente considerar que ao invés de começar revendo a matéria da última aula antes de passar para o novo tema, os professores deveriam inverter essa ordem, transmitindo primeiro as informações desconhecidas e depois repassar a matéria antiga, fazendo a ligação com o novo conteúdo apresentado. Assim, talvez as atividades de revisão, tão mal vistas, deixassem mais vestígios em nossa memória[11].

Aliás, sempre que falo da escola, a memória me remete aos jogos e campeonatos de futebol de que eu participava durante o ensino fundamental, com certo destaque, modéstia à parte. E trago para a discussão com vocês, um ponto que eu adorava e ainda adoro defender e cuja tecla não canso de bater: você já pensou por que não celebrarmos os gols sofridos (também conhecidos como fracassos) numa partida de futebol?

No meu livro, "O Método S.M.I.L.E. para Gestão do Humor no Ambiente de Trabalho", chamo a atenção sobre porque não comemoramos também os gols sofridos, já que eles nos mostram as falhas cometidas e as oportunidades para melhorarmos.

Há inclusive uma passagem no filme "Escola da Vida", do diretor William Dear, em que o time local, comandado pelo Sr. D (estrelado por Ryan Reynolds), festeja os gols sofridos, com todo apoio do técnico e da torcida.

É realmente uma cena surpreendente ver toda a equipe festejando humildemente o gol sofrido, como forma de celebrar o aprendizado com ele adquirido. Isso também faz do futebol uma caixinha de surpresas.

---

11 O fascínio da surpresa (http://www.methodus.com.br/artigo/667/o-fascinio-da-surpresa.html) Revista Scientific American - por Daniela Fenker e Hartmut Schütze

*Zebra é a surpresa do futebol.*

# O FUTEBOL É UMA CAIXINHA DE SURPRESAS

*Por que não celebrar os gols sofridos?*
(Marcelo Pinto)

E por falarmos em futebol, ouvimos com frequência a frase: **O Futebol é uma caixinha de surpresas.** Esta expressão, que virou clichê, foi inventada pelo comentarista Benjamim Wright, pai do ex-árbitro José Roberto Wright, segundo nos conta o jornalista Marcelo Duarte, em seu livro "O Guia dos Curiosos – Língua Portuguesa", e que acabou por se tornar o título do livro escrito por Luiz Fernando Bindi, que é geógrafo e loucamente apaixonado por futebol.

Será que esta expressão se confirma pela imprevisibilidade do jogo de bola devido às mudanças repentinas que podem alterar o resultado do jogo, muitas vezes ocorridas aos 44 minutos do segundo tempo? Ou talvez pela perplexidade ou fascínio gerados pelos acontecimentos inerentes ao futebol que acabam por transformar heróis em vilões, vencedores em perdedores e vice e versa, de uma hora para outra?

# WOW!

Surpreendem-nos que certas partidas, apesar de finalizadas com um placar de zero a zero, se mostram eletrizantes e até preferíveis a outras que terminam com muitos gols, do tipo sete a zero. Notem que este resultado não foi tão surpreendente para nós brasileiros!

Conforme nos alerta o psicólogo e autor Fernando Cembranelli, isso não significa que o gol não seja um momento de culminância do espetáculo, mas apenas que o futebol não precisa dele para ser o que é, pois o que magnetiza a plateia é uma série de acontecimentos fortuitos que formam quase todo o enredo, capturando o olhar de quem o assiste[12].

Os dribles, por exemplo, diante de sua imprevisibilidade e gratuidade, se mostram muitas vezes criativos e surpreendentes, como um instrumento para superar o adversário na direção ou não do gol.

Além desta imprevisibilidade e gratuidade, há algo mais, na interessante visão de Cembranelli, que predispõe o futebol à surpresa: o seu caráter trágico que nos toma de assalto, como se estivéssemos assistindo a uma tragédia grega.

O universo do futebol, envolvendo a torcida, o estádio, os jogadores, a bola, os bastidores, o dinheiro e a fama, compõe um cenário que evoca a nossa própria vida com seus elementos cômicos e dramáticos, o que por si só já se demonstra um terreno propício à análise das emoções e em particular da surpresa.

A maioria dos que assistem ao jogo parece nutrir uma expectativa de que em determinado momento uma força alheia à vontade consciente do jogador o levará a agir de forma decisiva para o bem ou para o mal da partida, como, por exemplo, o pênalti cometido bisonhamente, o gol perdido pelo atacante, o frango do goleiro, a falha do juiz, como, também, o coro motivador da torcida, a defesa milagrosa, o gol de bicicleta ou de escanteio, etc. Isso tudo explicará, ao final da partida, a verdadeira cultura surpreendente do futebol.

12 Cembranelli, Fernando Alberto Taddei – Surpresa, Coleção emoções, São Paulo, Duetto Editorial, 2010

Interessante notar que no futebol os erros são infinitamente mais comuns que os acertos e são estes eventos desvinculados do resultado da competição que fazem do futebol uma caixinha de surpresas. Portanto, o futebol se mostra em posto privilegiado do esporte, para observarmos a surpresa em suas múltiplas aparições, sempre acompanhada de muita criatividade e inovação por parte dos jogadores, técnicos, comentaristas e, sobretudo, por parte da torcida.

Por fim devemos ressaltar que o time adversário deve ser visto como concorrente e nunca como um inimigo, pois o espetáculo do futebol não se faz com uma única equipe em campo, sendo necessária a presença de outra equipe para que se consuma o objetivo maior de uma partida, proporcionar o melhor espetáculo possível para as torcidas.

Por isso, temos que evitar que o futebol se torne uma guerra como temos visto, principalmente fora das quatro linhas e na altura das arquibancadas. Devemos encarar o futebol sim como uma guerra, só que no campo da tática e estratégia e nunca da violência.

E esse é um aprendizado que devemos reforçar desde os bancos escolares. Aliás, após cada partida disputada na escola, me lembro do momento de descanso, em que, deitado no gramado ao lado da quadra esportiva, eu ficava contemplando o céu e me surpreendendo com as figuras inusitadas que apareciam nas nuvens. Você sabia que essa divertida prática relaxante tem um nome especial? Pareidolia.

*Santo Deus! O que aquela nuvem te lembra?*

# SURPREENDA COM A PAREIDOLIA

*Olha aquela nuvem que parece um cavalo! Marquinhos, não está vendo que é um pônei? Nossa é mesmo, Marcelinha!*
(Marcelo Pinto)

A palavra pareidolia vem do grego *"para"*, que é *"junto de ou ao lado de"*, e *"eidolon"*, que significa *"imagem, figura ou forma"*. Essa habilidade em identificar figuras nas nuvens e em outros objetos e cenários está associada a uma habilidade natural que o cérebro humano possui de buscar padrões e formas conhecidas entre os estímulos recebidos[13].

A pareidolia é um tipo de apofenia, que significa identificar superficialmente padrões em amostras não relacionadas. É um fenômeno cognitivo de percepção de padrões ou conexões em dados aleatórios e um importante fator na criação de crenças supersticiosas e em ilusão de ótica. Também conhecida entre nós como **coincidência**.

Os cientistas afirmam que a pareidolia, assim como a surpresa, é uma vantagem evolucionária dos seres humanos, ou

[13] http://www.rupestreweb.info/pareidolia2.htm

seja, ajudou e ajuda as pessoas a sobreviverem. De acordo com o astrônomo Carl Sagan, o fato de conseguirmos, em pouquíssimo tempo, identificar um rosto humano, é um traço evolucionário que ajudava nossos ancestrais a determinarem se alguém que se aproximava à distância era aliado ou inimigo.

Há quem diga que a capacidade de identificação de padrões e formas conhecidas foi de grande relevância para a sobrevivência da espécie em tempos primordiais, quando, por exemplo, o pronto reconhecimento de um animal feroz a partir de um vulto podia garantir maiores possibilidades de proteção.

O formato do rosto, com dois olhos e uma boca, é o mais fácil de ser identificado rapidamente pelo nosso cérebro. Esse processo cognitivo faz com que a pareidolia funcione. Os resultados às vezes podem ser surpreendentes ou perturbadores, dependendo da sensibilidade e repertório da pessoa.

A pareidolia causa surpresas, pois é um fenômeno psicológico que envolve um estímulo vago e aleatório, geralmente uma imagem ou som, sendo percebido como algo distinto e com significado. É comum ver imagens que parecem ter significado em nuvens, montanhas, solos rochosos, florestas, líquidos, janelas embaçadas e outros tantos objetos e lugares, inclusive em território lunar.

Em situações simples e rotineiras, este fenômeno fornece explicações para algumas ilusões criadas pelo cérebro, como certos discos voadores, monstros, fantasmas e até em sons, como as mensagens gravadas ao contrário em músicas, como se dissessem algo misterioso.

Segundo nos ensina Marcelo J. Doro, professor de Filosofia da Universidade de Passo Fundo no Rio Grande do Sul, é bem antiga e ainda relativamente popular a brincadeira de procurar figuras nas nuvens. Basta prestar um pouco de atenção que logo começam a aparecer poodles, lagartixas aladas, mapas da Bósnia e outras coisas mais.

O sucesso da brincadeira, ao contrário do que possa parecer de início, não depende da imaginação. A identificação de figuras nas nuvens está associada a uma habilidade natural que o cérebro humano possui de buscar padrões e formas conhecidas entre os estímulos recebidos.

O fato é que, de alguma forma, o cérebro passou a interpretar de modo relativamente claro estímulos por vezes bastante vagos e indeterminados. Isso gerou vantagens, mas, como efeito colateral, trouxe a possibilidade de nos enganarmos em relação a algumas percepções – como quando olhando de longe, na penumbra, confundimos com uma pessoa ou monstro, o tronco retorcido e seco de uma árvore.

Mas pareidolias são apenas pareidolias, é isso que significam. Se uma nuvem parece como um cavalo, pônei ou se uma mancha no teto do banheiro lembra o símbolo do Batman, é porque nosso cérebro reconheceu nos traçados da nuvem e da mancha algo próximo a um padrão de imagens já conhecidas de cavalos e de super-heróis. Jamais alguém poderia ver em uma nuvem a imagem de um animal ou de um objeto desconhecido, por mais sugestiva que a nuvem pudesse ser. Isso tudo varia conforme o repertório de conhecimento adquirido durante a nossa vida.

Por isso que só foi possível, depois de 11 de setembro de 2001, obter imagens que lembram o Pentágono e as torres gêmeas do World Trade Center em chamas dobrando uma cédula de 20 Dólares. Antes disso, sem o conhecimento prévio dos eventos, como poderiam ser identificadas tais imagens? Só podemos identificar aquilo que já conhecemos e passou a fazer parte de nosso repertório pessoal[14].

E isso também se deve ao funcionamento do SAR – Sistema de Ativação Reticular existente em nosso cérebro – que nos permite ver com mais frequência tudo aquilo que faz parte do nosso repertório individual, consciente e inconsciente. Como estudo muito sobre o sorriso e alegria, é impressionante a quantidade de objetos sorrindo que visualizo, desde cadeiras até aviões e aparelhos de som.

14 http://www.upf.br/filosofia/index.php?option=com_content&view=article&id=245:parei dolia&catid=1:ultimas-noticias&Itemid=8

Aliás, quem já assistiu algumas de minhas palestras deve se lembrar do exemplo daquele carro Camaro na cor verde que eu comprei porque ninguém tinha um igual e que só foi eu sair com ele da loja que imediatamente ao meu lado estacionara um outro Camaro verde. É isso, pois os Camaros verdes circulam pela cidade aos montes, mas, como você ainda não tinha um, não os enxergava. Foi só comprá-lo ou até mesmo começar a pesquisar seus preços e condições que você passa a vê-lo com mais frequência. Isso explica a surpreendente frequência com que a pareidolia ocorre com nós. Aliás, hoje você já viu uma borboleta azul?

Conforme comenta o fotógrafo Marcelo Ribeiro, em artigo publicado no site Hypesciense, há milhões de formações de nuvens que podem ser vistas todos os dias ao redor do planeta. Em algum momento alguma se parece com um anjo alado, outra com um fusca e outra com aquela verruga que você está ansioso para remover. Isto não tem nenhum significado especial, a não ser que você queira que tenha.

Há uma explicação evolucionária para vermos rostos e pessoas reconhecíveis mesmo onde elas não existem. Pessoas com certos distúrbios mentais que afetam suas habilidades sociais, por exemplo, têm muito menos chance de reconhecer rostos e pessoas em nuvens ou outros objetos, ou seja, uma capacidade reduzida de pareidolia.

Nossa sobrevivência dependeu durante milhares de anos da nossa habilidade de formar comunidades, portanto nossa capacidade de reconhecer pessoas para criar laços e relacionamentos é inata. Quando vemos algo que é milagrosamente parecido com algo ou alguém que conhecemos, estamos nos confrontando com a lei das probabilidades, o acaso e nossos sentidos tentando colocar ordem no mundo[15].

Então, dependendo do repertório que você adquiriu durante sua existência, você enxergará com maior probabilidade e recorrência, rostos e objetos que lhe são mais familiares, como, por exemplo, os religiosos que enxergam com mais frequência

[15] http://hypescience.com/o-que-e-pareidolia-fotos/

igrejas, a face de Jesus Cristo, pombas, anjos, etc. Já os amantes de carros veem com frequência vários modelos de automóveis e assim por diante.

O surpreendente no caso da pareidolia são as imagens perfeitas e inusitadas que conseguimos enxergar, não só em nuvens, mas em cadeiras, no chão, nas paredes, na copa e tronco de árvores, etc.

Sendo então a identificação de rostos humanos a pareidolia mais frequente, destacamos que há algum tempo causaram grande sensação na Internet algumas fotografias do solo de Marte em que um rosto humano podia ser facilmente identificado. No mesmo período, talvez um pouco depois, médicos canadenses divulgaram imagens ainda mais impressionantes do ultrassom de um tumor em que se podia perceber um rosto humano com aparência assustada. Nessas ocasiões, como em outras similares, é uma tentação para muitos a busca de significados.

Então sabendo disso e visando manter-se por muito mais tempo na memória de seus clientes, explore a pareidolia para reforçar imagens vinculadas ao seu produto ou serviço e à marca da sua empresa. E aproveitando este assunto, vamos agora passar para a aplicação do Poder da Surpresa Positiva no ambiente de trabalho, destacando alguns pontos de como ela pode ser poderosamente importante, seja como um fator de destaque perante sua liderança, seja como fator motivador para seus colaboradores, seja como motivo perturbador para sua concorrência, seja como um diferencial fidelizador para seus clientes desde o momento do atendimento até o seu pós-venda.

*WOW! Agora você nos surpreendeu! Parabéns!*

# COMO SURPREENDER NA EMPRESA

*"Trame, planeje, calcule, postule, o quanto quiser. Sempre existirão surpresas à sua frente. Conte com isso!"*
(Henry Miller, escritor norte-americano)

Enquanto os empreendedores procuram surpresas, os líderes e administradores profissionais as evitam. Isso porque a mentalidade administrativa é temerária à ideia de surpresa, assim como também é com relação à descontração e diversão no trabalho. E disso eu entendo.

Se um passo do plano de ação não for atingido por causa de uma surpresa no caminho, isso poderá ser visto como um fracasso, por não estar no controle da situação, e não como uma oportunidade de mudar a direção da ação ou de criar um novo objetivo, talvez mais importante, pertinente e melhor.

As surpresas sinalizam situações a respeito de nossas pressuposições e podem nos oferecer pistas poderosíssimas sobre o que devemos fazer na sequência, por isso é tão importante começarmos nossas metas com passos pequenos e simples para podermos ir testando nossas pressuposições e aprender sobre elas sem nos expor às nossas desvantagens. Para isso é essencial mantermos a mente aberta e percebermos as surpresas como oportunidades que poderão nos ajudar a definir os próximos passos de nossas metas.

Como destaca Kaplan, em diversas empresas grandes, há muito espaço para apoio "da boca para fora", mas pouco para um fracasso de verdade. Ouvimos os chavões várias vezes: "Precisamos aceitar o fracasso", "O fracasso é necessário para o sucesso", "Precisamos falhar mais rápido para sermos bem-sucedidos mais cedo" e assim por diante. No entanto, assim que a possibilidade de um verdadeiro fracasso surge, de repente, todos aqueles clichês reconfortantes caem por terra. Uma coisa é dizer frases de efeito, outra bem diferente é vivê-las. Em resumo, eu entendo da seguinte forma: Devemos liderar pelo exemplo.

Ele nos cita alguns exemplos do que diversas empresas fazem para ajudar as pessoas a superar seu medo do fracasso:

- O Google dá a seus engenheiros de software um dia por semana de tempo livre para testar projetos menores que todo mundo reconhece que poderão ou não trazer benefícios para a empresa. Estes projetos recebem o rótulo de *"beta"*, para indicar que ainda são um trabalho em andamento;
- O grande conglomerado indiano Tata Group dá um prêmio anual de *"Melhor ideia que fracassou"*. O objetivo é reconhecer e recompensar fracassos, pois sem eles os sucessos não seriam possíveis;
- A empresa farmacêutica Eli Lilly organiza a *"Festa do Fracasso"*, na qual os funcionários se reúnem para com-

partilhar suas histórias de fracasso e conversar sobre o que aprenderam com eles;
- Para encorajar as pessoas a assumir riscos, o Facebook coloca placas pelo escritório que dizem coisas como: *"Feito é melhor que perfeito"* e *"O que você faria se não tivesse medo?"*.

Mais uma vez insisto: por que não celebrarmos os gols sofridos?

A maior parte dos medos das pessoas surge da incerteza sobre o futuro e da sensação de não estar completamente no controle da situação, ou seja, é o medo de ser surpreendido, pois, quando acreditamos que controlamos algo, normalmente não sentimos medo, uma vez que essa coisa é previsível e seu resultado futuro é claro. Mas quando nos sentimos fora do controle, mesmo que só um pouquinho, o medo do fracasso toma conta de nossa mente, afetando nossas decisões.

Enfim, um dos maiores desafios das lideranças empresariais, atualmente, é superar a percepção negativa que se tem sobre o fracasso e a surpresa, entendendo que eles são partes inerentes do processo criativo e inovador, devendo estarmos dispostos a aceitá-los e reagir a eles de forma produtiva e positiva, tratando-os como degraus a serem superados rumo ao nosso sucesso.

Na boa, todos sabemos que atingir os nossos objetivos de primeira, logo de cara e de maneira perfeita, é possível, mas muito difícil de acontecer. Então devemos entender que o problema não é necessariamente o fracasso em si, mas o medo de fracassar antes mesmo dele ocorrer.

E é este medo que faz com que muitas pessoas evitem dar o primeiro passo em direção ao desconhecido, pois o medo surge quando estamos assustados com as surpresas e os cenários negativos que criamos em nossas mentes. Só que é isso que constitui o verdadeiro fracasso. Olha aí mais um paradoxo: o fato de eu desistir de algo, pelo medo de fracassar, já consuma o fracasso.

Portanto, temos duas opções: desistir ou persistir. Devemos, então, extrair a surpresa do fracasso, colocando-o em segundo plano, sem receio de ser incompreendido.

Esteja sempre disposto a ser incompreendido, pois as críticas só nos chegam quando estamos fazendo algo grande que rompe com os padrões. Já ouviram aquela frase: *"Ninguém chuta cachorro morto!"*?

Só não permita que o barulho da opinião ou crítica dos outros abafe sua voz interior ou o seu sexto sentido. Kaplan destaca que o próprio Steve Jobs disse certa vez que focássemos em nossa voz interior. E Kaplan reforça: *"Quando digo que quero tornar o mundo melhor em 2050, sempre vem alguém dizendo que em 2050 eu não estarei mais nesta vida. Imediatamente respondo 'Por isso que preciso agir agora!'"*.

O mundo cada vez mais caminha para a surpresa, de preferência agradável e que gere lembranças e seja propagada. Esse é um dos caminhos.

As organizações que estão fazendo a diferença, independentemente do segmento em que atuam, há muito tempo saíram da dupla "preço e prazo" e passaram a **investir em experiências que surpreendam** a todos. Incluem-se nesse caso todas as pessoas, sejam clientes, colaboradores, família, comunidade, enfim, todos que têm a capacidade de se emocionar e trazer sempre à mente lembranças que alguém lhes proporcionaram através da surpresa. Quando isso acontece, a relação sai da intenção comercial e vai para o coração. E diante de experiências diferenciadas e constantes, as pessoas se tornam leais à empresa.

As corporações do mundo moderno e que tem crescido exponencialmente são aquelas que têm trazido experiências, que praticamente criam um "looping" na forma de fazer gestão. E para provar isso, temos exemplos das que estão no topo do ranking como Apple e Google.

Como vocês acham que a Disney consegue encontrar milhares de pessoas com aquela aparência sorridente e gentil, que às vezes chega até a irritar os mal-humorados, com tamanha presteza para tornar os momentos únicos? Ela não acha, a Disney os treina e forma. Portanto, não existe fórmula mágica e sim a criação de uma cultura que deve vir do dono ou presidente da empresa.

Um detalhe apresentado por Tom Peters é o **nascimento da função de Chefe de experiência da empresa**, identificado como CXO (**Chief Experience Office**). Ele é responsável por criar ações encantadoras e surpreendentes, assim como o CSO – Chief Smile Office, é responsável por criar situações de descontração responsável nas empresas, conforme abordo no livro "O Método S.M.I.L.E. para Gestão do Humor no Ambiente de Trabalho – um guia prático para humanização corporativa".

Tom Peters relatou que em uma viagem na classe executiva, feita em uma companhia aérea, dez minutos antes do pouso as comissárias passaram oferecendo uma limpeza das lentes dos óculos dos passageiros. Peters esqueceu o conforto da classe em que viajou, mas até hoje se lembra e propaga essa experiência única. Pequenos gestos, grandes surpresas. Esse é o novo caminho, principalmente para a nossa liderança .

*Uau! Esse é o cara!*

# COMO SURPREENDER ENQUANTO LÍDER

"*Um verdadeiro líder sempre tem um elemento surpresa na manga. Muitos não conseguem entender, mas é o que mantém seu público animado e sem fôlego.*"
(Charles de Gaulle)

Infelizmente nossa liderança atual pensa que ser pego de surpresa é um sinal de fraqueza, algo que nunca deveria acontecer, em especial com pessoas poderosas em cargos de liderança, pois aceitar que foram surpreendidos por algo é admitir que não estavam no controle, que não estavam administrando com sucesso. Têm medo de que se reconhecerem suas surpresas, os outros os verão como incompetentes ou incapazes de liderar.

O psicólogo Erich Fromm percebeu essa tendência quando disse: "*Uma vez que termina sua formação, a maioria das pessoas perde a capacidade de se admirar, de se surpreender. Sente que deve saber tudo e que, portanto, ser surpreendido ou sentir-se perplexo diante de algo é sinal de ignorância".*

A maioria das pessoas gosta de surpresas positivas. Líderes devem sempre se assegurar que seus clientes e liderados sejam constantemente surpreendidos de forma positiva. E há muitas formas de surpreender positivamente sem gastar dinheiro extra. Mesmo um sorriso, por exemplo, pode ser o começo de uma surpresa e terminar como uma oportunidade de marketing boca a boca. Aliás, devemos ter o cuidado para não confundir o ato de surpreender positivamente com o puxa-saquismo, pois este é péssimo para o clima interno das empresas e relacionamento interpessoal.

Um ponto importante para ressaltar, enquanto líderes, é que **a humildade nos permite surpreender**. Jim Known, mestre sul-coreano de artes marciais, afirma: *"No processo de tentativa e erro, nossas tentativas fracassadas servem para destruir a arrogância e gerar humildade"*. Uma das coisas mais importantes que pode abrir portas para o poder da surpresa é a humildade, o que não deve ser confundido com a subserviência na qual o indivíduo se submete voluntariamente à vontade dos outros.

Como afirma Kaplan, os grandes egos sufocam a abertura. Quando somos levados pela nossa arrogância, nossa habilidade de ficarmos abertos para contribuições externas fica severamente limitada. Quando estamos apenas preocupados em ser o centro das atenções e manter o controle ou garantir que nossas ideias sejam as únicas certas e viáveis, perdemos a oportunidade de ampliar nossa perspectiva para ver novas possibilidades.

Devemos reconhecer que nosso lugar no universo não é mais importante que o de nenhuma outra pessoa e, pensando assim, deixamos as portas de nossa vida escancaradas para que as surpresas do dia a dia entrem. Enfim, se quisermos nos beneficiar com o Poder da Surpresa, a humildade manterá a porta aberta, enquanto que o ego e a arrogância a fecharão.

Pessoas bem-sucedidas permanecem sempre em movimento. Elas erram com frequência, mas não desistem, pois são persistentes, uma vez que bons resultados podem ser celebrados e os maus resultados são vistos humildemente como oportunidades de aprendizado.

Portanto, a humildade é uma excelente estratégia para surpreendermos positivamente as pessoas, pois infelizmente hoje em dia ninguém espera uma postura humilde, principalmente quando se está numa posição de liderança.

E podemos citar diversos exemplos de grandes líderes, com atitudes humildes, que marcaram época. Um deles é Jesus Cristo. Ainda que algumas pessoas não acreditem em sua existência, diversos dados arqueológicos consistentes confirmam ter sido ele um líder real, que, apesar de extremamente humilde, exerce ainda hoje enorme influência sobre os homens. Notem que a sua humildade não o tornou fraco ou incompetente.

No campo político podemos citar Abraham Lincoln, um dos maiores e melhores presidentes da história dos Estados Unidos da América, que, mesmo sendo um homem poderoso, era muito humilde. Assim como também era Nelson Mandela, advogado e presidente da África do Sul de 1994 a 1999, considerado como o mais importante líder sul-africano, ganhador do Prêmio Nobel da Paz de 1993, e o mais poderoso símbolo da luta contra o regime racista e segregacionista do Apartheid.

E para citar um exemplo mais próximo de nós e contemporâneo, temos o caso do Silvio Santos, nome artístico de Senor Abravanel, apresentador e proprietário do SBT – Sistema Brasileiro de Televisão, que começou como camelô aos 14 anos e desde então tem o sorriso e a humildade como sua marca registrada.

Isso significa que a humildade é uma virtude positiva e que pode ser exercida por qualquer líder que queira surpreender, principalmente seus liderados, pois muitos não esperam este tipo de atitude por parte de um líder, como admitir que não sabe tudo, que tem fraquezas, que também pode se divertir enquanto trabalha e que comete erros, tanto quanto seus Colaboradores, sejam a ele subordinados ou não.

*Já na entrevista de emprego pergunte:
"Quais são seus sonhos?"*

# COMO SURPREENDER SEUS COLABORADORES

*Primeiro surpreenda positivamente seus Colaboradores.
Isso já será uma boa surpresa para seus clientes.*
(Marcelo Pinto)

Primeiro é importante destacar que nós, enquanto Colaboradores, devemos surpreender nossos líderes entregando mais do que é esperado de nossas funções ou cargos, pois só isso já ajudará muito na manutenção dos nossos contratos de trabalho e reforçará ainda mais a nossa empregabilidade.

E vocês, leitores e leitoras, procurem surpreender já na entrevista de emprego, enriquecendo seus conhecimentos sobre a empresa pretendida, **pelos canais não convencionais**, surpreendendo positivamente o selecionador. Como dica, vocês podem ligar para o *call center* da organização para a qual pretende trabalhar ou fazer uma compra pelo site e viver a experiência para poder compartilhá-la com o entrevistador.

Certa vez, fui contratado para fazer uma palestra sobre atendimento ao cliente numa grande empresa de telefonia do Norte.

Um dia antes fui até uma das suas agências para realizar uma suposta reclamação e tirar uma dúvida sobre determinado serviço. Foi uma experiência enriquecedora. Aliás, fui muito bem atendido. No dia seguinte, após o término de minha palestra, a atendente e o seu superior que me atenderam ficaram surpresos e felizes quando me viram. Claro que durante a palestra não deixei de elogiar o atendimento deles recebido. E em contrapartida recebi deles a declaração de que esta minha atitude foi realmente surpreendente[17].

E partindo da contratação para a demissão, esta não deveria ser surpresa para ninguém, pois basta estar empregado para ser demitido. Concorda? O problema é que não nos preparamos para a demissão, não temos um plano B. E daí, quando ela chega, acaba nos pegando de surpresa.

Também as empresas deveriam ter um plano de recuperação, para que o colaborador perceba, com certa antecedência, que o gato subiu no telhado e possa se recuperar, caso sua intenção seja a de permanecer na empresa.

Por ser advogado trabalhista e sindical, com larga experiência na gestão dos Recursos Humanos, sempre estive envolvido em processos de reestruturação com desligamentos complicados, principalmente quando envolvia elevado número de colaboradores ou líderes graúdos. E certa vez presenciei um colega gerente de vendas que pretendia demitir praticamente metade da sua equipe de uma única vez, porém, para sua surpresa, no dia determinado para a demissão coletiva, ele é quem foi demitido. E o pior, estava totalmente despreparado para este desfecho.

Em outra situação, um colega foi demitido antecipadamente pelo nosso médico do trabalho ao consultar-se com ele, antes do início da jornada de trabalho, por causa uma dor de cabeça. O problema foi que o médico, para surpresa de todos, não sabia que ele ainda não tinha sido comunicado pelo chefe. E seguindo

---

[17] UNICRED surpreende seus colaboradores - https://www.youtube.com/watch?v=4zC4z39eC1s – publicada em 12/08/2013

o fluxo operacional e achando que o aviso de dispensa já havia ocorrido, entregou ao colaborador o atestado médico demissional. Essa e muitas outras situações inusitadas e surpreendentes eu apresento na palestra que trata sobre como realizar desligamentos humanizados, responsáveis e sem surpresas negativas.

Mas não podemos permitir que estes erros limitem nossa iniciativa, pois é através dos erros e fracassos que nos desenvolvemos enquanto pessoas e profissionais, rumo ao sucesso e à vitória. Neste ponto gosto de mencionar a frase do engenheiro, industrial e magnata japonês, fundador da Honda Motor, Soichiro Honda: *"O sucesso é construído de 99% de fracasso"*.

Tom Peters, considerado pelo Los Angeles Times como o pai da empresa pós-moderna, frisou que uma empresa não pode encantar mais o seu cliente do que os próprios colaboradores. A lição começa em casa, ou seja, surpreenda os seus funcionários e eles farão tudo pelos seus consumidores.

Podemos citar como exemplo a campanha da Unicred de Porto Alegre, capital gaúcha, desenvolvida em 2013 com a ajuda da empresa TH Comunicação para a comemoração dos seus vinte e três anos, homenageando quem é parte fundamental da sua história, os seus Colaboradores. Com adesivos, música-tema, *cupcake* e até cantor, as agências da Unicred se tornaram palco de uma festa surpreendente.

Outro exemplo que gosto muito de citar em minhas palestras é da empresa aérea norte-americana Southwest Airlines ou SWA, como é conhecida. Na SWA o colaborador vem em primeiro lugar, sendo o seu principal cliente.

Sua ex-presidente Colleenn Barrett passava a maior parte de seu tempo procurando assegurar que a empresa proporcionasse o melhor serviço interno, o que transcende ao salário e benefícios, criando um ambiente em que todos se sentissem surpreendidos, respeitados, aceitos e ouvidos. E diante desta felicidade e realização que eles transferiam para seus colegas de trabalho, acabavam por criar um círculo virtuoso que termina no atendimento atencioso e descontraído ao cliente.

Por esse motivo até hoje a SWA contrata seus colaboradores primeiro pela atitude e depois os treina para desenvolver as habilidades necessárias a cada um. Também na SWA não existe o medo de errar, pois a empresa, além de proporcionar treinamentos contínuos e de alta qualidade, trabalha para remover o medo de sua cultura, despertando em seus colaboradores o interesse em surpreender positivamente seus demais colegas e clientes, com uma atitude de compaixão, espírito comunitário e comprometimento.

Para citar mais um exemplo, vamos pensar nos quatro aspectos básicos da cultura Disney: segurança, cortesia, show e eficiência. Cada colaborador assume o seu personagem, o seu papel no show, e se esforça para entregar algo que surpreenda positivamente o cliente e não apenas entregar o seu produto. Eles são treinados para irem além do bom dia e perceber as pessoas, suas carências, saber qual o melhor momento para brincar com o cliente, transformando o ato de compra num relacionamento, numa fantástica e deslumbrante experiência positiva[18].

Um momento que reputo muito especial para inserirmos situações surpreendentemente positivas é durante as celebrações de encerramento dos Programas de Reconhecimento e Recompensa dos Colaboradores.

Isso porque durante estas celebrações, onde as emoções já estão à flor da pele pelo fato de que todos que lá estão, independentemente de terem seus projetos ou atitudes premiadas, já são vencedores pelas iniciativas adotadas, principalmente quando elas envolvem o atendimento ao cliente, que é o tema do próximo capítulo.

---

18 http://www.institutoeu.org/a-cultura-disney-e-o-empreendedor-que-tem-em-cada-um-de-nos/

*Surpreenda entregando
mais do que prometeu.*

# A SURPRESA NO ATENDIMENTO AO CLIENTE

> *"Quem inventa surpresas para melhorar o dia de alguém...
> Se não for um anjo; Tinha tudo para ser..."*
> (autor desconhecido)

Sabe-se muito pouco sobre as emoções no comportamento do consumidor, sendo praticamente ínfima a quantidade de publicações específicas sobre a surpresa, especialmente em relação à área do atendimento ao cliente.

Surpreenda positivamente seu cliente, oferecendo um produto ou serviço dentro das necessidades e perfil dele. Pergunte antes, não espere que ele peça ou reclame. Faça uma pesquisa de satisfação e saiba lidar com reclamações. Se você der atenção a quem reclama, satisfazendo seu descontentamento, as chances de que este cliente volte aumentarão. Portanto, escute e solucione o problema do seu cliente. Lembre-se que as reclamações são na realidade uma consultoria gratuita e eficiente.

Outra dica importante é **Entregue mais do que Prometer.** Pode acreditar, ninguém espera por isso. Confiança é uma das chaves mais importantes para fidelizar seu cliente. Ele precisa saber que pode confiar em você, então não prometa nada que não possa cumprir. Se for prometer, prefira surpreendê-lo positivamente, pois isso contará pontos para a fidelização e para a reputação do seu estabelecimento ou serviço. Uma sugestão, prometa entregar no período da tarde de um determinado dia e, chegando este dia, entregue antecipadamente pela manhã ou até mesmo um dia antes, sempre, é claro, confirmando se o cliente estará disponível para receber.

Assim você encantará e formará uma legião de fãs que irão vender seus produtos para você, através do boca a boca. Mas tenha atenção para que o efeito não seja inverso. Deixe-me lhe contar uma história real: minha esposa encomendou em janeiro, para o aniversário de debutante da nossa filha, um bolo cênico, aquele que fica como decoração sobre a mesa dos doces. O fornecedor prometeu entregá-lo um mês antes da festa, que aconteceu em abril.

Sabemos que o bolo é o ícone das festas de aniversário, correto? Pois, então, para nossa surpresa (negativa), na data da entrega, que foi postergada por duas vezes, o bolo estava quebrado e não havia mais tempo para produzir um novo.

Ficou claro que este fornecedor demonstrou não entender a missão da sua atividade, pois se ele soubesse o quanto é importante a figura do bolo em uma festa de aniversário, tomaria mais cuidado, inclusive entregando-o com antecedência à data prometida.

Em um mercado global e cada vez mais competitivo, máximas como "o cliente tem sempre razão" ainda são importantes, porém estão longe de ser suficientes para quem deseja oferecer um atendimento cada vez melhor.

As empresas que provocam boas surpresas em todas as etapas da relação com o consumidor – do primeiro contato ao suporte pós-venda – têm muito mais chances de sucesso. E lembre-se, o "encantamento de clientes" se dá principalmente por meio do elemento-surpresa. A cada dia, pergunte-se "como vou surpreender meus clientes hoje?". Ou melhor, com a devida antecedência, pergunte-se "Como vou surpreender meus clientes na próxima semana, no próximo mês ou em sua próxima visita?".

Mas atenção, uma empresa que permanece por muito tempo oferecendo os mesmo produtos e da mesma forma, muito possivelmente irá perder o foco no cliente, consequentemente deixa-os à deriva e em busca de novidades, nos concorrentes, é claro!

Para que isso não aconteça, é preciso contar com o elemento-surpresa, ou seja, oferecer novidades ao público consumidor, com regularidade. O estabelecimento comercial pode surpreender os clientes através da comercialização de novos produtos, ações promocionais, condições de pagamento especiais, entre outras possibilidades, as quais os mantenham curiosos em relação à sua marca.

Assim, devemos focar a nossa atenção para os pequenos detalhes, que acabam fazendo toda a diferença, como, por exemplo, a entrega do produto antes do prazo máximo estabelecido, uma embalagem mais elegante ou um brinde em datas especiais ou como recompensa depois de diversas compras, etc.

E como ressaltamos linhas atrás, tenha como prática, de melhoria contínua, treinar seus colaboradores para focarem no atendimento ao cliente, procurando surpreendê-lo positivamente sempre que for possível. Vimos que não surpreender o consumidor de forma negativa é uma meta que deve ser sempre buscada, por ser o mínimo que se pode exigir de uma empresa que deseja se estabelecer no mercado. No entanto, se a sua meta for cativar o cliente e conquistar a sua confiança, sua empresa deve sempre procurar surpreendê-lo positivamente.

Gosto de citar, como um surpreendente exemplo no atendimento ao cliente, um experimento realizado em um restaurante, no qual quatro grupos de clientes foram analisados. O garçom lhes dava bombons junto com a conta. Para o primeiro grupo foi dado um bombom. Para segundo, dois bombons. Para o terceiro grupo, o garçom deixava inicialmente apenas um bombom e ia embora. Pouco tempo depois retornava e, como se tivesse mudado de ideia, acrescentava mais um bombom. E para o quarto e último grupo, que era de controle, o garçom não dava bombons.

> **Conclusão:** os clientes que ganharam um bombom, aumentaram em média quatro por cento no valor da gorjeta em relação aos clientes que não ganharam brinde nenhum. Os clientes que ganharam dois bombons aumentaram as gorjetas em quinze por cento. Mas os clientes do terceiro grupo que receberam um bombom e depois outro, aumentaram o valor das gorjetas em trinta por cento.

A mudança inesperada de atitude do garçom modificou completamente a situação. Mais tarde os clientes do terceiro grupo revelaram o que pensavam na hora: *"O garçom está nos oferecendo tratamento preferencial. Vamos retribuir"*.

Tratamento preferencial? Esse é o segredo! Quem é que não gosta de receber um tratamento diferenciado? De ser chamado pelo nome? De receber um desconto maior ou obter uma melhor facilidade no pagamento? De receber uma ligação ou um presente no dia do seu aniversário?

Notem que uma surpresa simples, porém bem intencionada, como dar um brinde ou um mimo, pode fazer mais por seu negócio do que grandes promoções. Quebre a expectativa surpreendendo positivamente e tudo irá contribuir para o seu sucesso[19].

Busque a excelência em seus serviços como um aspecto que pode agregar valor à sua empresa de forma consistente. Ao invés de se contentar em entregar apenas o combinado, saia da zona de conforto e surpreenda seu cliente, fazendo com que ele se sinta especial.

Persiga o efeito Wow! Tenha sempre uma carta na manga. Não seja previsível! Sempre surpreenda positivamente seus clientes. As pessoas querem se sentir especiais. Proporcione esta experiência encantadora para elas. Você ganhará sua credibilidade e simpatia e elas se tornarão suas fãs. Acredite nisso e atinja o $uce$$o desejado.

---

19 http://profissaoatitude.blogspot.com.br/2010/08/o-elemento-surpresa.html

*S+A=E² (Surpresa + Alegria = Experiência Encantadora)*

# A SURPRESA E O ENCANTAMENTO

*Surpreenda positivamente seu cliente e ele se tornará um fã encantado pelo seu negócio.*
(Marcelo Pinto)

Joëlle Vanhamme define encantamento como o nível mais alto de satisfação do cliente. E para se obter o encantamento é necessário a junção da surpresa com a alegria e o interesse, tornando o **encantamento uma emoção de terceira ordem.** É importante ressaltar que para chegarmos ao encantamento devemos primeiro passar pela satisfação do cliente.

Para diversos pesquisadores, a diferença entre satisfação e encantamento se dá basicamente no nível de ativação da resposta emocional positiva em uma experiência de consumo. Sendo esta resposta normal, temos a satisfação. Sendo ela alta temos o encantamento.

# WOW!

Assim, se o produto ou serviço é melhor do que o esperado, mas não produz surpresa, temos uma satisfação. Agora, se ocorre uma surpresa positiva, temos o encantamento.

Por isso que a surpresa positiva é o principal elemento diferenciador entre a satisfação e o encantamento do cliente. A performance positiva em atributos do produto ou serviço não é parte do conhecimento anterior do consumidor e são, portanto, inesperados (surpresa positiva), têm maior potencial para o encantamento.

Experiências de consumo que tenham envolvimento por parte do consumidor estão mais relacionadas ao seu encantamento, pois a magia deste encantamento envolve aspectos afetivos (interesse, alegria e surpresa) e cognitivos no processo. Assim, o encantamento é uma função da performance surpreendentemente positiva, que leva à ativação do afeto positivo em uma determinada experiência de consumo.

Vejam este exemplo recentemente publicado por um colega de Facebook, sobre um conhecido dele que foi à Disney e seu filho perdeu um brinquedo em um dos parques. Conheçam a história que ele publicou abaixo:

"Ainda na @waltdisneyworld:
— Olá, meu filho perdeu um boneco ontem no Animal Kingdom.
— Qual o boneco e tamanho?
— Um buzz lightyear pequeno.
— Articulado?
— Sim.
— Achei, senhor.
— Achou?
— Aham. Está conosco no Achados e Perdidos do complexo Disney.
— Nossa!
— Para que o senhor não perca tempo das suas férias, podemos enviá-lo pelo correio até a sua casa.

— Mas eu moro no Brasil.
— Nós entregamos no mundo inteiro.
— Nossa! Qual seria o valor?
— É de graça, senhor.
— Muito obrigado!
— Nós que agradecemos a sua visita."

Em outra situação, narrada em junho de 2015, pelo portal G1, um garotinho que havia esquecido seu tigre de pelúcia no aeroporto, teve uma feliz surpresa.

O garoto de seis anos, chamado Owen, se distraiu e esqueceu seu brinquedo favorito no Aeroporto Internacional de Tampa, na Flórida/EUA, quando ia viajar com seus pais para outra cidade. Já no destino, a mãe dele ligou para o setor de Achados e Perdidos e avisou sobre a perda do tigre de pelúcia, chamado Hobbes.

A ligação mobilizou vários funcionários do aeroporto, até que uma equipe encontrou o brinquedo. Foi quando um dos gerentes teve uma ideia. Enquanto o dono de Hobbes não chegava, ele levou o tigre para fazer um *"tour"* pelo aeroporto.

Com a ajuda de colegas e funcionários, das companhias aéreas e até dos policiais do local, o gerente Tony D'Aiuto fotografou o tigre de pelúcia em vários lugares do aeroporto: na torre de controle de tráfego aéreo, no carrinho de bagagem, na sorveteria, tirando uma soneca à beira da piscina do hotel e passeando com os bombeiros.

D'Aiuto fez ainda um álbum impresso com a história do "passeio" de Hobbes e deixou no setor de Achados e Perdidos para a família ver quando voltasse para pegar o bichinho. A mãe de Owen agradeceu a surpresa e até chorou de emoção quando viu o álbum[20].

Já em outro caso, envolvendo um colega meu que é fã de chocolates, certo dia teve uma infeliz surpresa. Ao abrir a embalagem, viu seu doce premiado com uma larva, que saiu se rastejando de dentro do tablete. Meu colega, como não poderia deixar

---

20 http://g1.globo.com/turismo-e-viagem/noticia/2015/06/garoto-esquece-tigre-de-pelucia-em-aeroporto-e-tem-surpresa-na-volta.html

de ser, entrou no site do fabricante e apresentou sua reclamação, sendo prontamente atendido com a troca do produto. Ficou satisfeito, mas até agora nada de especial para uma empresa que deseja apenas se manter no mercado.

Digo isso, pois, se esta empresa desejasse mesmo se destacar no mercado e de seus concorrentes, deveria ter lhe enviado, por exemplo, uma cesta com todos os produtos da sua linha para mostrar a qualidade e a variedade de itens. Notem que esta atitude não geraria um enorme custo adicional, até porque este não é um evento que deva ocorrer com frequência (espero eu) e com certeza ela encantaria meu colega e ganharia mais um fiel fã e propagandista, uma vez que certamente ele iria contar sobre esta encantadora iniciativa para um grande número de pessoas, como de fato o fez, só que destacando a atitude medíocre da empresa.

Então, se cliente satisfeito já é bom, cliente encantado é melhor ainda e a surpresa positiva é fundamental para que isso aconteça. Portanto, tome a frente e busque surpreender positivamente, fazendo da sua comunicação o melhor instrumento para se diferenciar na empresa, na família e na sociedade.

E para finalizar este capítulo, compartilho com vocês uma pesquisa intitulada "Smiling Report", que é divulgada anualmente sob a condução da empresa sueca *Better Business World Wide* e no Brasil pela *Shopper Experience*. Trata-se de um termômetro para medir o nível de simpatia no atendimento ao cliente. São tabuladas mais de dois milhões de avaliações em cinquenta e sete países da Europa, Ásia, África e Américas do Norte e do Sul.

Nesta pesquisa percebemos que vem crescendo de 2010 para cá o número de atendimentos sorridentes. E o que é mais surpreendente, é que este crescimento vem seguido por um número maior de vendas adicionais. Perceberam o quanto isso é maravilhoso? Quanto mais eu atendo meu cliente com uma atitude positiva, mais ele compra os meus produtos.

Isso mostra a importância do bom atendimento ao cliente na geração de vendas adicionais, pois aumenta a intenção de compra.

*WOW! Já bateu a meta?
Excelente trabalho!*

# SURPREENDA NAS VENDAS

*Que crise que nada! Chegou a hora de
surpreendermos positivamente!*
(Marcelo Pinto)

Apesar de diversos escritores afirmarem que o ato de vender ou comprar um produto ou serviço é mais emocional do que racional, devemos ressaltar que o bom entendimento deve vir antes do atendimento das necessidades, expectativas e anseios dos clientes e da importância da proatividade e do entusiasmo, tudo dentro de um contexto de maior humanização do processo de vendas.

Adoro esta palavra – Humanização – que está presente no meu livro sobre Gestão do Humor no Trabalho, um verdadeiro guia de humanização corporativa. A humanização das relações é o grande segredo para surpreender positivamente.

Nesta época de intensa informatização, quando foi a última vez que você enviou uma carta escrita à mão (ou manuscrita como se costuma falar) para um cliente, transmitindo a sua gratidão pela confiança e carinho que ele deposita em você e em sua empresa ou que traga emoção para quem as estiver lendo?

Se a resposta for com ar de surpresa como *"Puxa vida, não me lembro!"* ou *"Nossa! Faz muito tempo, hein?"*, acabamos de encontrar juntos aqui uma excelente e criativa oportunidade de melhorar o seu relacionamento com os seus clientes.

Outra ação muito simples é sempre se preocupar e se interessar de maneira legítima e genuína com os familiares, com os *hobbies* e com os sonhos dos seus clientes. Quando você começa uma conversa com um cliente perguntando sobre o filho dele, seu time de futebol ou sobre como foi a última viagem de trem com a família, você prontamente gera um cenário muito mais favorável para a empatia e para a construção de *"rapport"* (que pode ser entendido como o sentimento de atenção mútua e sintonia real entre as partes) e uma relação muito mais marcada pelo afeto do que única e exclusivamente pela relação mais fria que marca o mundo dos negócios.

O lugar correto para armazenar todas estas informações absolutamente preciosas não pode e não deve ser apenas na sua cabeça. O ideal é registrar a maior quantidade de dados extras que sua empresa utiliza para gerenciamento da relação com clientes (CRM – Customer Relationship Management) e colaboradores (no ERM – Employee Relationship Management), como também em uma planilha que precisa ser constantemente alimentada não apenas com o descritivo das reuniões, interações, conversas telefônicas e logicamente vendas, mas também com estes valiosos dados adicionais que tenho certeza farão muita diferença na construção de relacionamentos cada vez mais sólidos com seus clientes e permitirão de fato surpreendê-los e se proteger melhor dos seus concorrentes.

O mundo está cada vez mais sofisticado, conectado e social, mas as pessoas ainda querem e sonham em ser surpreendidas por ações simples, verdadeiras e genuínas que as façam entender que você não é apenas um(a) vendedor(a) a mais que cruzou seus caminhos. O seu papel é consolidar positivamente a sua imagem, a sua marca pessoal e a marca da sua empresa na cabeça e no coração do cliente como alguém que se preocupa da forma mais verdadeira do mundo com quem é a pessoa mais importante da sua vida: Ele mesmo.

Ana Penim, administradora do Instituto Português de Negociação e Vendas, destaca, por sua vez, a importância das lojas trabalharem o fator surpresa: *"Os negócios que tenham a capacidade de surpreender o cliente são os que mais atraem. O elemento-surpresa provoca reacções positivas contra a tendência de rejeição, impulso dos clientes à partida".*

Afinal de contas, atender bem, oferecer um bom produto, a preços adequados e no prazo combinado deixou de ser um objetivo e passou a ser uma obrigação. Daqui em diante, o fundamental é surpreender o cliente, ir além do combinado, ter uma relação repleta de alegria e boas surpresas. Só assim será possível conquistar, e principalmente manter, sua preferência.

Fiquei surpreso quando li que os dias cinzentos ou ensolarados nos afetam muito mais do que imaginamos. A maior parte das pessoas adora um dia ensolarado e perde um pouco da sua motivação quando se depara com uma manhã fria e cinzenta. A realidade é que a luz do sol, além de fonte da vitamina D, possui um papel muito maior, no dia a dia da sociedade, do que imaginamos.

Você já fez uma compra completamente desnecessária e depois de um tempo ficou se perguntando como foi possível ter sido convencido a adquirir tal produto? Isso provavelmente aconteceu em um dia ensolarado. Estudos descobriram que um clima agradável pode prejudicar a sua capacidade de julgamento, tornando-o temporariamente mais suscetível a ser influenciado e surpreendido.

Em um estudo, cento e vinte e dois estudantes foram abordados em dias ensolarados ou nublados e tiveram a tarefa de preencher uma pesquisa sobre um assunto urgente. Em dias de sol, os alunos foram mais facilmente persuadidos por argumentos fracos, como se o clima agradável de fato fosse capaz de nos fazer sentir mais positivos e otimistas em relação a tudo.

Você obtém os mesmos resultados quando tenta convidar alguém para sair com você. Em outro experimento, os pesquisadores pediram para homens atraentes abordarem aleatoriamente quinhentas mulheres em dias nublados e em dias ensolarados para convidá-las a sair à noite para beber. Como esperado, as mulheres se mostraram mais receptivas e aceitaram mais convites nos dias de sol do que nos nublados.

Surpresos com isso? Então experimente realizar este teste. Se você é garçom ou garçonete, tente desenhar um pequeno sol na parte inferior da conta do seu cliente. É isso mesmo! Algumas pesquisas mostram que basta ver o desenho de um sol que as pessoas ficam instantaneamente mais generosas e dão gorjetas maiores, independentemente se o sol está realmente brilhando lá fora ou não. Acreditando ou não, penso que vale a pena tentar.

Mas espere, ainda há mais. Os pesquisadores também notaram que as bolsas de valores são especialmente ativas em dias ensolarados. E não é apenas na Wall Street. Eles rastrearam vinte e seis das principais bolsas de valores ao redor do mundo ao longo de quinze anos e encontraram o mesmo padrão. A razão vem do mesmo fator psicológico do tempo bom. Os investidores, por mais conservadores que sejam, se sentem mais dispostos a assumir riscos, porque, afinal, está um dia tão bonito lá fora. Nada pode dar errado em um dia tão bonito[21].

Por fim, diante disso, vale perceber que talvez seja nos dias frios e nublados que existem as melhores oportunidades para surpreender nossos clientes, colaboradores, amigos, familiares e, sobretudo, a concorrência, pois, como pudemos notar, poucos são os que esperam ser surpreendidos nestes dias cinzentos. Isso facilita nossa iniciativa, pois estaremos pegando-os totalmente desprevenidos. Concordam?

---

21 http://hypescience.com/5-coisas-surpreendentes-que-manipulam-seu-humor-diariamente/

*Agora! Vamos pegá-los desprevenidos!*

# A SURPRESA E A CONCORRÊNCIA
## O PRINCÍPIO DA SURPRESA NAS OPERAÇÕES MILITARES ESPECIAIS

> *"(...) um comandante militar deve atacar onde o inimigo está desprevenido e deve utilizar caminhos que, para o inimigo, são inesperados... - Princípio da Surpresa."*
> (Sun Tzu)

Apenas a título de curiosidade, conforme previsto na tese de doutorado do Vice-almirante estadunidense McRaven, a surpresa está entre os seis princípios das Operações Militares Especiais que são: simplicidade, segurança, repetição, surpresa, rapidez e propósito.

A *"Doctrine for Joint Special Operations"* (Doutrina das Operações Especiais Combinadas) estabelece que a surpresa é a capacidade de "atacar o inimigo em um momento ou local, ou de uma maneira, que o apanhe despreparado." Contudo, em quase cem por cento das Operações Especiais analisadas, o inimigo estava totalmente preparado para neutralizar a ação ofensiva. Por exemplo:

- na fortaleza de Eben Emael, situado na Bélgica, canhões antiaéreos estavam posicionados na parte superior do forte, a fim de impedir um assalto aéreo;
- a instalação portuária francesa de Saint-Nazaire estava cercada por baterias costeiras e holofotes visando impedir que navios britânicos navegassem despercebidos pelo Rio Loire;
- o encouraçado alemão Tirpitz e as belonaves HMS Queen Elizabeth e HMS Valiant estavam rodeados por redes antissubmarino e antitorpedo;
- o Vietnã do Norte possuía um dos mais densos sistemas de defesa aérea do mundo;
- duzentos e cinquenta italianos mantinham guarda sobre o ditador fascista italiano Benito Mussolini;
- duzentos e vinte e três soldados japoneses estavam de guarda sobre os prisioneiros de guerra em Cabanatuan nas Filipinas;
- e o aeroporto de Entebbe, em Uganda, estava cercado por cem soldados ugandenses, com dois batalhões estacionados nas proximidades.

Em cada um desses casos, o inimigo estava preparado para impedir um ataque contra sua posição e, no entanto, a surpresa foi obtida em todos eles.

De um modo geral, as forças de operações especiais não se podem dar ao luxo de atacar o inimigo no momento ou no local onde ele esteja despreparado. Tais forças devem atacar, apesar da preparação do inimigo. A surpresa significa, literalmente, apanhá-lo desprevenido. Esta sutil diferença não é uma mera questão de semântica.

Numa operação especial, a surpresa é obtida através da dissimulação, da sincronização e do aproveitamento das vulnerabilidades do inimigo. Assim como ocorre quando dois pugilistas estão no ringue e cada um está preparado para neutralizar o soco do outro. No entanto, apesar da sua preparação, alguns socos acabam por atingirem o alvo.

Quando bem-sucedida, a dissimulação impele o inimigo a desviar a sua atenção da força atacante ou retarda a sua resposta o tempo suficiente para obter-se a surpresa no momento vital. Por exemplo, durante a incursão sobre Son Tay, em Vietnã do Norte, a Força Tarefa de Navios-Aeródromos 77, da Marinha, realizou um ataque diversionário (que serve para desviar a atenção do inimigo), com três navios-aeródromos, cuja finalidade era negar ao inimigo a opção de concentrar a sua atenção na verdadeira missão principal. Esta ação diversionária teve excelente resultado, pois permitiu que a força atacante, helitransportada, penetrasse as defesas aéreas do Vietnã do Norte e pousasse despercebida no campo de prisioneiros de guerra.

A dissimulação que desvia a atenção do inimigo também pode ser arriscada, pois, quando não produz a resposta adequada, essa ação acarreta, normalmente, consequências desastrosas, como a que ocorreu no porto de Saint-Nazaire, com a Royal Air Force, ao cumprir sua missão de bombardear a cidade portuária, a fim de desviar a atenção da pequena armada inimiga alemã que navegava, sigilosamente, pelo Rio Loire. Infelizmente, a incursão aérea nada mais fez do que elevar o nível de alerta dos inimigos e impedir que fossem apanhados de surpresa.

Embora a dissimulação que desviou a atenção do inimigo tivesse excelente resultado para os incursores de Son Tay, na maioria das operações especiais a dissimilação é mais bem utilizada para retardar a ação inimiga, como ocorreu quando atacaram o aeroporto de Entebbe, na Uganda, onde os israelenses utilizaram um veículo Mercedes, semelhante ao que usavam os dignitários ugandenses, para retardar, momentaneamente, a ação dos guardas.

Situação semelhante ocorreu quando o oficial alemão Otto Skorzeny trouxe consigo um general italiano de elevado posto, acreditando que a mera presença do general italiano provavelmente criaria certa confusão e um tipo de hesitação que impediria os guardas italianos de resistirem de imediato ou de assassinar Benito Mussolini. A sua suposição resultou acertada e a confusão adicional proporcionou-lhe o tempo suficiente para resgatar Mussolini, quando pousou em Gran Sasso na Itália.

Conforme ficou demonstrado em vários dos casos acima citados, a dissimulação pode até ser um instrumento útil para a obtenção da surpresa, mas não se deve depender excessivamente dela. Os especialistas concluem que normalmente é melhor retardar a reação do inimigo do que desviar a sua atenção.

A hora do ataque constitui-se em outro fator fundamental para a obtenção da surpresa. A maioria das forças atacantes prefere investir sobre o alvo à noite, principalmente porque a escuridão proporciona cobertura. Pressupõe-se também que o inimigo esteja cansado, menos alerta e mais suscetível ao ataque surpresa. Mas, por outro lado, à noite frequentemente se aumenta o estado de alerta, pois cada missão deve considerar as alternativas de um ataque noturno.

Nas operações especiais, o inimigo sempre estará preparado. A questão é "quando estará ele menos preparado e que momento proporcionará os maiores benefícios para a força atacante?". Várias das operações mais bem-sucedidas foram surpreendentemente conduzidas durante o dia, obtendo um elevado grau de surpresa, como atestam os seguintes exemplos:

- o oficial Otto Skorzeny, pousou em Gran Sasso às 14h, sabendo que os guardas italianos já teriam acabado de almoçar e estariam descansando;
- os alemães que atacaram o Forte belga Eben Emael pousaram ao alvorecer e a luz matutina proporcionou iluminação suficiente para o pouso dos planadores, enquanto muitas das guarnições dos canhões belgas ainda se encontravam na cidade circunvizinha;
- os minissubmarinos, que destruíram o encouraçado Tirpitz da marinha alemã, também atacaram durante a

manhã, pois os meios de inteligência britânicos haviam informado aos tripulantes que o equipamento de sonar do encouraçado ia ser reparado durante a manhã do ataque e, portanto, não estaria operacional.

Como pudemos notar, toda defesa tem um ponto vulnerável. A obtenção da surpresa significa aproveitar essa vulnerabilidade. Embora os norte-vietnamitas possuíssem a mais extensa rede de defesa aérea da Ásia, os meios de inteligência da força aérea conseguiram encontrar um hiato de cinco minutos no ciclo de rodízio do radar. Isso permitiu ao C-130 e aos helicópteros infiltrarem os incursores de Son Tay, no Vietnã do Norte, sem serem detectados.

Os britânicos enfrentaram um problema semelhante durante a II Guerra Mundial. A Royal Air Force havia tentado, inúmeras vezes, afundar o encouraçado Tirpitz. Ancorado em Kaafjord, na Noruega, ele estava protegido por baterias antiaéreas. E seus armamentos de autoproteção incluíam mais de uma centena de canhões antiaéreos. Além disso, a maior parte do navio possuía uma blindagem de doze polegadas. Todavia, o ponto vulnerável do encouraçado era sua quilha levemente blindada, que os britânicos decidiram atacar. A surpresa foi obtida por dois minissubmarinos (X-6 e X-7) que penetraram as defesas alemãs e colocaram seus explosivos. Os alemães até organizaram defesas antissubmarino e antitorpedo. Contudo, comparadas com as defesas antiaéreas, aquelas eram consideravelmente mais fracas.

Os estudiosos chamam nossa atenção para o fato de que a surpresa é essencial, porém não deve ser considerada isoladamente. Ela é importante como parte integrante da pirâmide dos princípios das operações militares especiais. A superioridade relativa somente é atingida através da correta aplicação de todos os princípios, sendo um equívoco acreditar que a surpresa por si só proporciona a vantagem decisiva sobre o inimigo e que o ato de meramente apanhar o inimigo despreparado assegura a vitória da força atacante. Esse não é o caso.

Separada dos demais princípios, a surpresa pode se tornar inútil, pois do que adianta surpreender o inimigo se não possuímos o equipamento adequado para enfrentá-lo?[22]

Originalidade, audácia, velocidade, sigilo, despistamento e dissimulação constituem requisitos para que a obtenção da surpresa seja exitosa. A aplicação do Princípio da Surpresa é uma estrada de mão dupla, pois não devemos nos esquecer de que o inimigo também estará tentando nos surpreender.

**E no mundo dos negócios**, guardadas as devidas proporções e consideradas as características da "era da informação" que vivemos, em que as notícias dão a volta ao mundo instantaneamente por meio não só dos tradicionais rádios, TV e jornais, mas principalmente da Internet e das redes sociais, através de milhões de *smartphones*, *tablets*, *notebooks*, etc., parece ser cada vez mais difícil surpreender os nossos concorrentes.

Isso não deve ser visto como um obstáculo, mas sim uma oportunidade, em que a criatividade não deve ter limites, pois a surpresa deve ser vista como uma maneira de se diferenciar no universo empresarial, especialmente perante o mercado e a concorrência.

E já que estamos tratando de princípios, Kaplan lista aqueles mais importantes a serem lembrados, com relação à surpresa no ambiente de trabalho:

- As surpresas estão por toda parte e acontecem o tempo todo;
- As surpresas desafiam os pressupostos;
- As surpresas são sinais para nosso futuro;
- As surpresas podem nos ajudar a descobrir e moldar a nós mesmos e as nossas organizações, pois revelam pistas sobre nossa identidade e direcionamento;

---

[22] http://sociedademilitar.com.br/wp/2015/01/a-teoria-das-operacoes-especiais-parte-2.html. O texto é um extrato da Tese de MacRaven. O material completo pode ser obtido em: http://www.afsoc.af.mil/Portals/1/documents/history/AFD-051228-021.pdf

- Quando nos sintonizamos com as surpresas, nós as vivemos com mais frequência;
- Criamos inovações quando usamos a surpresa para mudar nossa mentalidade, desafiar o *"status quo"* e criar soluções inesperadas que surpreendem os outros de forma positiva, gerando o encantamento por nós tão almejado e assim incrementando nossas vendas e aumentando a intenção de compra por parte de nossos clientes.

Mas, para isso, precisaremos colocar todo nosso potencial de criatividade e inovação para funcionar com força total.

> *"Excelente sacada Marcelo! Você sempre me surpreendendo com sua criatividade e inovação!"*
> *(Meu pai Aldão)*

# A SURPRESA COM CRIATIVIDADE E INOVAÇÃO

*O Segredo: desafie o "status quo", saia da zona de conforto e surpreenda em condições adversas.*
*(Marcelo Pinto)*

Exercite sua criatividade e surpreenda positivamente seu cliente, líder, amigos e familiares, mas lembre-se: assim como o humor responsável, as ações surpreendentes precisam ter pertinência e relevância.

Segundo Cembranelli, o processo criativo, no sentido mais amplo, se relaciona com a surpresa de forma complexa e multifacetada. O neologismo é um clássico exemplo, pois com ele criamos novas palavras ou damos novos significados às palavras já existentes.

Como exemplos de neologismos temos a palavra *"economês"* que é *"a linguagem popular de termos econômicos"* ou a expressão *"deu zebra"* que significa *"algo que não deu certo"*. Por isso, os neologismos conservam grande frescor e a capacidade intacta de causar surpresa, de surpreender.

Mas não devemos ficar apenas nas palavras e sim partirmos para a prática, como fizeram uma série de "engenheiros", criativos e inventores, ao desenvolverem verdadeiras revoluções, colocando em prática algumas ideias que, por mais absurdas que pareciam num primeiro momento, trouxeram quebras de paradigmas que permitiram diversas surpresas positivas.

Compartilho com vocês algumas delas, publicadas no blog "Marte é para os fracos"[23]:

- **Beer Holster:** um suporte portátil para carregar a lata de cerveja que vai preso na cintura;
- **Chork:** uma combinação de garfo numa ponta e *hashi* (pauzinhos para comida japonesa) na outra, como forma de facilitar a vida de quem ainda não dominou a técnica;
- **Edible Spray Paint:** uma tinta comestível para mudar a cor do visual das suas receitas;
- **Egg Cuber:** dispositivo para cozinhar ovos na forma quadrada, diferenciando seus pratos para surpresa dos convidados;
- **Grass Flip Flops:** um chinelo gramado, para o pessoal que gosta de estar com os pés em contato direto com a natureza;
- **Fuut:** uma mini rede de tecido, para prender debaixo da mesa, como descanso para os pés;
- **Twirling Spaghetti Fork:** um tipo de parafusadeira com um garfo na ponta, para enrolar o espaguete por você;
- **Trongs:** um tipo de dedal com dentes nas extremidades, para você comer alimentos com as mãos, sem sujar os dedos;
- e muito mais.

[23] http://marteeparaosfracos.blogspot.com.br/2014/10/conheca-uma-serie-de-absurdas-e.html

Como pudemos notar acima, a surpresa é realmente um importante motivador da inovação. Os eventos inesperados e as experiências e criações surpreendentes são os fatores mais importantes no processo para alcançar o sucesso empresarial inovador.

Devemos saborear as surpresas, mesmo no mundo corporativo onde, normalmente como já vimos, ela é o oposto da certeza, que é bem vista, tanto que se busca focar na execução de planos de ação impecáveis para atingir objetivos bem definidos, não havendo espaço para surpresas.

Mas problemas e desafios novos exigem atitudes novas. E em uma época de constantes mudanças e hipercompetição, devemos desafiar o *"status quo"* a todo o momento. E para isso, as capacidades humanas mais valiosas são aquelas menos administráveis, como a surpresa e o humor.

Devemos desenvolver a consciência e as ferramentas para lidar com as surpresas de maneira proativa e em tempo real, a fim de que possamos transformar qualquer desafio ou problema que surja à nossa frente em algo produtivo para nós, para nossa equipe e para nossa empresa.

Inovações nos negócios criam surpresa e nosso cérebro foi criado para gostar de surpresas positivas que acrescentam valor à nossa vida e desafiam nossos pressupostos sobre o que pensávamos ser possível. Portanto, surpresas são ferramentas estratégicas que nos levam à inovação, transformando-nos enquanto pessoas e empresas.

Gosto de citar como exemplo de surpresa, o caso das balas Pop Rocks, que, quando na boca, começam a explodir, tornando-se uma experiência nova e inesperada, pois eu nunca havia imaginado uma bala fazendo isso, causando uma surpresa positiva. E, como já vimos nos capítulos anteriores, as surpresas são surpreendentes porque são inesperadas. Se soubermos que vão acontecer, não ficaremos tão satisfeitos por nossas expectativas e pressupostos serem atendidos.

**WOW!**

Segundo o professor e autor Soren Kaplan, o nosso cérebro é construído para gostar do prazer inesperado. Ele menciona dois neurocientistas, Gregory Burns e Read Montague, que descobriram esse fato de um modo bem interessante.

Eles convidaram alguns participantes a tomar um drinque com eles em seu laboratório. Primeiro os participantes foram ligados a uma máquina de ressonância magnética para medir os centros de prazer dos cérebros, que são acionados quando a pessoa toma drogas ou espera receber dinheiro.

Em seguida, eles pediram que os participantes abrissem bem a boca e, sem esperar, uma máquina espirrava água na boca de um grupo e suco na boca dos outros. Dentre os grupos, uns recebiam a bebida em intervalos regulares e previsíveis, enquanto os outros eram constantemente surpreendidos com espirros aleatórios e esporádicos.

Burns e Montague descobriram que não importava se os participantes queriam água ou suco, pois, em todos os casos, os centros de prazer do cérebro foram mais ativados nos casos de participantes que receberam espirros imprevisíveis e aleatórios, não importando a bebida que recebessem. Assim eles determinaram o mecanismo fundamental por trás do porquê considerarmos inovações algo especial: somos criados para gostar de surpresas positivas.

A surpresa vem em todas as formas e tamanhos. Às vezes, ela proporciona uma conclusão imediata e eletrizante e outras vezes experimentamos uma série de pequenas surpresas aparentemente sem consequências durante um período de tempo, que se acumulam e se tornam algo maior.

Aproveitar o poder da surpresa é muito diferente daquela grande ideia que nos passa pela cabeça quando estamos no chuveiro. Usar surpresas como ferramentas estratégicas exige prestar muita atenção no que acontece ao nosso redor e conosco.

A verdade é que quando somos surpreendidos, somos levados a questionar e, possivelmente, a mudar nossas ideias sobre o que deveria ser feito e como seguir adiante. E uma das maneiras de aproveitarmos o poder da surpresa é sempre nos fazermos perguntas provocativas, que nos façam ir além de nossa zona de conforto.

Não precisamos negligenciar nossa mente racional, mas tão somente conter nossa tendência natural a analisar tudo até o fim, enquanto liberamos o outro lado inconsciente de nosso cérebro.

Durante o pensamento inconsciente, nosso cérebro trabalha nos bastidores para sintetizar os dados e tirar as conclusões sem que saibamos disso. É por isso que muitas vezes ouvimos alguém nos sugerir que esperemos para decidir depois de uma boa noite de sono, o que basicamente significa dar um descanso para o cérebro e deixar a resposta vir naturalmente.

Deixar a mente inconsciente assumir o controle ajuda a separar o joio do trigo, pois permite que surpreendamos a nós mesmos com o que já sabemos, nos ajudando a determinar o que, exatamente, precisamos superar e qual a melhor maneira de fazê-lo, continuando a desafiar nossas pressuposições.

*Qual a diferença entre explorar e estar perdido?*

# SURPREENDA-SE COM AS PRESSUPOSIÇÕES

*"Apenas nos deveria surpreender... ou ainda podermos ser surpreendidos."*
*(La Rochefoucauld, moralista francês)*

Vou contar um caso e depois lhe fazer uma pergunta. Certo dia, um motorista de táxi, ao descer uma ladeira íngreme em alta velocidade, pegou uma senhora idosa que estava parada na calçada em frente ao ponto de ônibus e foi embora sem olhar para trás. Havia um grupo de pessoas num bar próximo do local que assistiu a tudo passivamente. O que você faria no lugar de uma destas pessoas?

Se você respondeu que também não faria nada, está correto. Isso porque a senhora havia feito sinal para o táxi parar, diante da grande demora do ônibus chegar. Este é um simples exemplo para ilustrar como fazemos pressuposições e, na maioria das vezes, sempre negativas, pois tenho certeza de que alguns leitores, naquele exato momento, concluíram que o taxista havia atropelado a senhora idosa.

Conforme nos alerta Kaplan, a parte mais importante deste exercício não é mostrar que uma pressuposição pode ter sido feita logo de cara, pois é muito natural fazermos isso. Este exercício serve para mostrar que a maioria de nós reconhece que fez uma pressuposição só depois de descobrir que nossa ideia não era válida ou que nos enganamos, mas aí já pode ser tarde.[24]

E isso é também um paradoxo (olha ele aqui novamente), uma vez que não conseguimos reconhecer a maioria das nossas principais pressuposições até as termos superado com sucesso. Isso significa que só podemos compreender em retrospecto a mentalidade e as barreiras que outrora estiveram em nosso caminho quando olhamos para elas depois do fato ocorrido.

Voltando ao taxista, se eu tivesse relatado a cena um pouco diferente, incluindo a seguinte afirmação logo no começo: "Em São Paulo, as pessoas costumam se locomover de táxi quando o ônibus está muito atrasado ou lotado". Como isso teria afetado suas pressuposições?

Para a maioria das pessoas, a ideia de que seria possível que o taxista teria parado no ponto para conduzir a senhora ao seu destino teria sido plantada em seu cérebro enquanto lia o restante da descrição e poderia assim ter passado com mais facilidade por cima da pressuposição de que o taxista teria atropelado a senhora.

Precisamos continuamente ampliar nossa perspectiva para que possamos superar nossas pressuposições negativas antes que elas limitem nossas opções ou nos desacelerem. Segundo Kaplan, isso nos leva a concluir que nossa mentalidade limitadora é invisível até que a superemos, o que podemos fazer quando nos aventuramos para fora de nossa zona de conforto. Não é surpreendente?

Respondam rapidamente: Qual a diferença entre explorar e estar perdido? Percebam que é apenas uma questão de estado mental, como nos explica Kaplan. Quando exploramos novos

---
24 Kaplan, Soren. O impacto do Inesperado, São Paulo, Editora Gente, 2013

lugares e possibilidades, devemos tolerar a sensação de estar perdidos, pois muitas vezes esta sensação é necessária para seguirmos em direção à descoberta de uma clareza maior. Para isso não podemos temer de falar com pessoas que são diferentes de nós ou de situações ambíguas e desconfortáveis que nos forçam a sair de nossa zona de conforto.

Ele destaca que atualmente as organizações começam a reconhecer o valor das surpresas e de como sair da zona de conforto pode ajudar a desafiar e desenvolver a mentalidade interna. E, quanto mais estivermos abertos para surpresas, com novas experiências e diferentes maneiras de ser e pensar, melhor será, pois perderemos a rigidez e evitaremos a normopatia, uma patologia da surpresa.

*Céus! Será que sou um normopata?*

# AS PATOLOGIAS DA SURPRESA

*"Aquele que já não consegue sentir espanto nem surpresa está, por assim dizer, morto; os seus olhos estão apagados."*
(Albert Einstein)

Conforme nos descreve Cembranelli, "nossa formação subjetiva se constrói assimilando uma alteridade cujo encontro tem sempre uma dimensão traumática. E a ela precisamos responder com um leque de recursos e defesas que incluem a capacidade de elaboração para os que possuem uma vida imaginativa, que nasce com a própria integração entre psique e corpo, sendo essa a base de nossa saúde psíquica"[25].

Quando esses recursos e defesas parecem estar reduzidos ou invalidados, surge uma série de sintomas e de adoecimentos

---
[25] Cembranelli, Fernando Alberto Taddei – Surpresa, Coleção emoções, São Paulo, Duetto Editorial, 2010

psíquicos. Um deles costuma se apresentar como uma patologia da realidade concreta e objetiva.

O indivíduo desenvolve um apego tão exagerado à realidade que não há espaço para quase nenhuma forma de transformação criativa ou de brincadeira, quando nem mesmo uma piada consegue tirar dele um sorriso, não porque seja sério ou desprovido de senso de humor, mas porque sua adesão à realidade funciona como uma defesa rígida que não pode ser transposta.

Quando isso acontece, sobrevém a angústia ou uma raiva desproporcional que pode dirigir-se a qualquer pessoa ou objeto. Em consequência, esses doentes da realidade se fecham num mundo exclusivo de pouquíssimas opções existenciais, repetitivas, porém seguras. E agindo assim, eles se tornam blindados contra a surpresa, venha ela de onde vier.

Uma variação dessa forma de adoecimento pela adesão maciça à realidade são os indivíduos chamados "normóticos" ou "normopatas" que padecem de uma "normalidade doentia", com a valorização excessiva da "realidade", não percebendo que ela é subjetiva, pois se apresenta de diferentes formas para cada um de nós.

Aliás, como compartilho em meu livro "O Método S.M.I.L.E. para Gestão do Humor no Ambiente de Trabalho", as pessoas com distimia (doença do mau humor) inconscientemente se declaram realistas e não mal-humoradas. Alerto mais uma vez que esta doença tem cura.

O termo normopatia é composto etimologicamente por dois elementos contraditórios: "normo" (normal, correto) + "patia" (doença), significando algo como "doença da normalidade". Mas como isto é possível, se normalidade é exatamente ausência de doença, patologia ou desvio? O termo normopatia foi assim batizado em 1978 pela psicanalista Joyce McDougall, em seu trabalho "Em defesa de uma certa anormalidade!", para retratar um tipo de paciente aparentemente adaptado e "normal", mas com uma imensa dificuldade de fazer um mergulho profundo em seu mundo interno. É uma normalidade falsa ou apenas aparente.

Este paciente não exprime nenhum afeto transferencial, preferindo sempre falar de acontecimentos atuais, não porque não tenha recordações, mas por elas serem desprovidas de afeto. Ao agir desta forma, por certo não dizem do que sofrem e sempre imputam a origem de seu tormento ou de sua preocupação a alguém.

Para eles sempre "está tudo bem". Sua vida é normal, seu sucesso e cliente são normais, sua mulher e filhos são normais, mora numa casinha normal, numa cidade normal, tem um ordenado normal e se alimenta normalmente. Não tem nada que seja problemático.

Devemos desconfiar disso! Pois esta pseudonormalidade não podemos chamar de saúde mental.

Uma das características marcantes da normopatia é o empobrecimento ou até mesmo a supressão da surpresa da vida, seja pela via dos sonhos ou pela via das fantasias. Demonstra baixa capacidade de introspecção e seu discurso refere-se quase que exclusivamente a objetos concretos do mundo exterior.

Existe uma cisão entre a realidade interna e a externa, sendo a interna praticamente suprimida e a externa sobreinvestida de modo compensatório. A pessoa perde o contato consigo mesmo, passando a funcionar à moda de um robô, sendo a imagem do homem autômato das grandes cidades. Ele se sente bem trabalhando no estilo taylorista, caracterizado pela linha de montagem e pela produção em série, o que lhe dá segurança emocional.

Tem um pensamento lógico e operacional sem contato com o inconsciente, restrito ao sistema consciente, evitando interpretações fantasiosas. O normopata apresenta uma considerável dificuldade para verbalizar seus sentimentos e compreender suas emoções. Como um jornalista, ele parece viver em função da crônica do dia. Ocorre um engessamento da subjetividade. Ele não suporta ser contestado, agindo agressivamente para não sair de seu mundo ou mudar seus pensamentos.

O psicanalista Christopher Bollas o define como **uma pessoa anormalmente normal**. É demasiadamente estável, segura e fundamentalmente desinteressada da vida subjetiva. A característica fundamental do normótico é sua aversão ao elemento subjetivo, seja em si mesmo, seja no outro. Sua capacidade de introspecção é muito pequena, impedindo-o de olhar para o outro com profundidade. Seu interesse maior é sempre pelos fatos. Ele busca até mesmo tornar-se um fato, um número, podendo em casos extremos, agir à feição de um robô.

Um sujeito normótico pode levar uma vida sem sobressaltos quando esta vai bem do ponto de vista material, pois tudo o que valoriza são as coisas externas, em detrimento das satisfações íntimas. Em compensação, quando algo do mundo externo se desarranja, ele tende a se entregar compulsivamente ao trabalho (como um *workaholic*) ou como no caso de um pai de família que fica desempregado, podendo ocorrer um colapso normótico, cuja fuga se dá, por exemplo, com o abuso do álcool ou práticas esportivas, de forma a não deixar espaço remanescente para qualquer outro tipo de excitação. Este colapso também ocorre quando um acidente, doença ou qualquer outro acontecimento imprevisto o impede de continuar na atividade.

Nunca tem nada de errado com eles, pois o problema sempre é ou está no outro, não aceitando serem contrariados. Têm aversão às brincadeiras de faz de conta e não gostam de ouvir contos de fada, tendo uma nítida predileção por jogos estruturados, mais objetivos e concretos. O certo é sempre o que eles veem, tendo dificuldade de considerar o ponto de vista do outro como um indício da própria defesa contra aquilo que seria uma perigosa abertura para a alteridade. Não tolera e nem se arrisca a se entregar à atividade da imaginação e ao inesperado, tendo dificuldade inclusive de sonhar, devido sua intransigência com o que é novo ou diferente[26].

Então, ao normopata falta a possibilidade de entrar em contato com o elemento subjetivo, seja em si mesmo, seja no outro,

---
26 Ferraz, Flávio Carvalho. Normopatia. São Paulo, Casa do Psicólogo, 2011

observando-se uma carência na atividade imaginativa e na capacidade de fantasiar, de simbolizar.

Dentro desta lógica normopata, a surpresa parece ser inteiramente desprovida de sentido, como se houvesse sido banida desde muito cedo. Não poderia haver um lugar para uma emoção cujo principal efeito é despertar a vida psíquica para os processos de ligação e transitividade.

Afinal, são vidas que transcorrem sob um ideal de inafetividade e de baixa disposição para as trocas interpessoais, pois quanto menos se sentir pressionado em suas relações pessoais, tanto melhor para o normopata.

Se pudéssemos imaginar a surpresa como um medicamento, certamente ela seria indicada para combater o mal característico da sociedade contemporânea: as variadas formas de depressão em que cabem as queixas de tédio, perda de vitalidade ou tristeza. Não há dúvidas de que a surpresa teria um efeito tonificante em todos os casos, pelo menos no início.

Aproveitando este assunto, guardei um artigo de 2007, que li no Jornal Zero Hora, quando estava no avião, retornando de uma palestra no Rio Grande do Sul. Ele foi escrito pela jornalista Marta Medeiros com o título de **Normose**. Neste artigo ela menciona uma entrevista do professor Hermógenes, considerado o fundador da ioga no Brasil.

Ele dizia que o ser humano está sofrendo de normose, a doença de ser normal. Todo mundo quer se encaixar num padrão. Só que o padrão propagado não é exatamente fácil de alcançar. O sujeito "normal" é magro, alegre, belo, sociável e bem-sucedido. Quem não se "normaliza" acaba adoecendo.

A angústia de não ser o que os outros esperam de nós gera bulimias, depressões, síndromes do pânico e outras manifestações de não enquadramento. As perguntas a serem feitas são "Quem espera o que de nós? Quem são esses ditadores de comportamento a quem estamos outorgando tanto poder sobre nossas vidas?".

Simplesmente eles não existem. Quem nos exige é uma coletividade abstrata que ganha "presença" através de modelos de comportamento amplamente divulgados. Só que não existe lei que obrigue você a ser do mesmo jeito que todos, sejam lá quem forem todos. Melhor se preocupar em ser você mesmo.

Apesar de ser um defensor do Bom Humor, como propagado em minhas palestras, sou totalmente contra a Ditadura da Felicidade, pois não podemos exigir e nem cobrar dos outros eternas atitudes felizes, até porque ela é passageira e pontual.

O que defendo é buscarmos sempre que possível ver o lado positivo das situações, sem, é claro, deixar de respeitar as dores que surgem, pois o choro, assim com o riso, também é muito importante para nós como forma de catarse, ou seja, de aliviar nossas tensões e preocupações.

A normose não é brincadeira. Ela estimula a inveja, a autodepreciação e a ânsia de querer o que não se precisa. Lembro-me sempre do meu pai me dizendo "De quantos pares de sapato você precisa? Para que ter diversas casas se você só precisa de um teto para morar? Quantas festas você precisa comparecer por mês para se considerar uma pessoa bem quista? Será mesmo necessário deixar de se deliciar com um bom prato de comida, pensando em quantos quilos terá até o verão chegar?".

Aliás, pense nisso: o padrão de beleza (e aqui vou focar no feminino onde é mais marcante) muda muito com o tempo. Você não deve se lembrar (rs rs rs), mas no século XIV, durante o período renascentista na Itália, surgiu a moda da testa grande. Diversas pinturas e esculturas da época comprovam essa tendência. As mulheres arrancavam os cabelos da testa ou usavam uma solução química perigosa para remover os cabelos e obter uma testa maior.

Depois, nos séculos XIV e XV, as mulheres gordinhas passaram a ser consideradas belas. No entanto, a partir daí o padrão de magreza foi tomando conta aos poucos, sendo representado hoje em grande parte pelas modelos famosas.

Durante o século XVI, a moda na Europa era ter curvas acentuadas e uma cintura desproporcionalmente fina. Foi quando entrou na moda usar espartilhos e corpetes por baixo dos vestidos, os quais eram tão apertados que causavam desmaios frequentes devido à falta de oxigênio, havendo até relatos de fratura de costelas.

Ao contrário de hoje, onde uma pele dourada de sol é considerada como padrão de beleza, no passado as peles brancas eram consideradas como símbolo de beleza. Desde o século VI até o século XVIII, as mulheres mais pálidas eram consideradas as mais belas. A palidez também era símbolo de status, já que uma pele bronzeada era indicativa de trabalho ao relento, o que era associado às classes mais baixas.

Na época da dinastia de Tang, na China, surgiu o hábito grotesco de amarrar os pés de meninas a partir dos quatro anos de idade para que eles não crescessem. Uma chinesa com pés pequenos era considerada muito atraente e teria mais chances de ter um bom casamento.

Percebeu a loucura que é você procurar seguir as tendências impostas pela sociedade? Percebeu como perdemos nossa identidade e com ela nossa capacidade de surpreender, pois todos esperarão de nós, que sigamos as regras de etiqueta, beleza, etc.?

Portanto, pense nas pessoas que você mais admira. Elas são as que seguem todas as regras de etiqueta que a sociedade nos impõe? Ou são aquelas que desenvolveram personalidade própria e arcaram com os riscos de viver uma vida a seu modo? Criaram o seu "normal" e jogaram fora a fórmula, não patentearam, não passaram adiante. O normal de cada um tem que ser original. É ser diferente.

Não adianta querer tomar para si as ilusões e desejos dos outros. É fraude. E uma vida fraudulenta faz sofrer demais. Reconheça sua diferença e faça-a valer, pois é isso que nos torna únicos, especiais e divertidos. Se você faz o que todo mundo faz, você é apenas mais um. E isso não é triste?

# WOW!

Por isso divulgo o alerta. A normose está doutrinando erradamente muitos homens e mulheres que poderiam, se quisessem, ser bem mais autênticos, felizes e positivamente surpreendentes.

Nossa atitude de desejar ter tudo sob controle e a qualquer custo pode estar mesmo perdendo força e com os dias contados, pois os acontecimentos que escapam do nosso controle estão aos poucos sendo reconhecidos como elementos-chave para o nosso sucesso profissional.

Por isso que quando você se deparar com um novo problema ou desafio, mude sua atitude e grite mentalmente *"Opa! Essa é a minha hora de surpreender! Pode deixar comigo!"*. O objetivo é encarar os passos, ao longo do caminho profissional, como pequenos destinos por si só que podem nos ajudar a enfrentar os momentos difíceis, capitalizar nossos sucessos e continuar seguindo adiante para ganhar o prêmio maior.

*Yes! Essa é a minha hora de surpreender positivamente!*

# OPA! PODE DEIXAR COMIGO!

*O segredo do sucesso é a surpresa que há por trás de um desafio.*
(Marcelo Pinto)

Uma das melhores oportunidades de surpreendermos positivamente quem quer que seja é assumindo a resolução ou enfrentamento das dificuldades, problemas e desafios que surgem no dia a dia, enxergando neles excelentes oportunidades de crescimento e desenvolvimento pessoal e profissional.

Para ilustrar este ponto, gosto de citar a fábula presente no prefácio da obra "Problemas? Oba!", que nos conta Sérgio Valente, à época em era presidente da agência de publicidade DM9DDB.

Era uma vez, no reino do Crescimento, um Príncipe chamado Problema e uma Princesa chamada Solução. Eles cresceram juntos e aonde o príncipe Problema ia, a princesa Solução o acompanhava. O Problema ficava fascinado com a beleza radiante da Solução. Quando adultos, já não conseguiam viver um sem o outro e então planejaram se casar.

Mas, poucos dias antes do casamento, a Solução foi sequestrada pelas irmãs Insegurança e Covardia. O Problema ficou arrasado, entristeceu a ponto de ninguém suportar conversar com ele, pois, sem a Solução, o Problema ficou insuportável. E, por isso, o reino do Crescimento começou a regredir.

Depois de muito tempo, Solução conseguiu escapar, tendo sido amaldiçoada pelas irmãs. Sem saber onde estava, Solução se tornou errante, vendo Problema onde nada existia, somente para se sentir completa. A situação era a seguinte: o Problema sem a Solução e a Solução tentando descobrir o seu Problema.

Até que um dia, depois de muita procura, por parte de ambos, eles se reencontraram, trazendo novamente a felicidade para dentro do reino do Crescimento. Pouco tempo depois se casaram e tiveram um filho com o nome Futuro, que acabou tornando-se o rei mais justo, sábio e poderoso, pois guardava todo o poder do pai Problema e toda a ternura da mãe Solução[27].

Pois bem, um profissional de sucesso é aquele que, ao ouvir as palavras "problema", "desafio" e "dificuldade", automaticamente as traduz como "oportunidade" e logo toma a frente para buscar uma solução, chamando para si a responsabilidade.

E ele tem consciência de que para solucionar este problema terá que eventualmente enfrentar novos problemas e obstáculos ainda maiores, mas que sem os quais dificilmente alcançaria o sucesso como êxito de suas ações.

É importante termos em mente que, quanto maior é o problema, maior será a oportunidade para o nosso crescimento profissional. E devemos procurar não jogar para a torcida, para não aumentar nossa ansiedade, muito comum neste tipo de situação. Até porque muitos estarão criticando nossas ações e torcendo para dar tudo errado, agindo como os conhecidos "fiscais de obra pronta", para quem, se tudo der certo, não fizemos nada mais do que nossa obrigação. Mas, se algo der errado, já vêm

---

[27] ao prefaciar o livro "Problemas? Oba!" escrito por Roberto Shinyashiki, São Paulo, Editora Gente, 2011

logo dizendo "Bem que eu te avisei!", "Não quis ouvir a voz da experiência!" e blá-blá-blá!

Ao invés disso, devemos encarar esta situação como uma grande oportunidade, nos sensibilizando com as razões do problema e termos como foco buscar a sua solução, entendendo quais são as dores envolvidas e buscarmos a cura, pois foi assim que surgiram os maiores avanços da nossa sociedade, desde o surgimento da roda até a chegada na lua, passando pela cura de diversas doenças.

E por mais que o medo se apresente, pois é comum termos receio de errar ou nos sentirmos incompetentes para aquela situação ou ainda fracassarmos (já vimos isso em capítulos anteriores) e termos que ouvir os blá-blá-blás dos "fiscais de obra pronta", não devemos desistir, pois a todo momento estamos sendo observados e avaliados pela nossa empresa e pelas empresas concorrentes, inclusive sobre nosso comportamento diante da frustração.

A mensagem que devemos passar para nossos superiores e pares é a seguinte: *"Podem contar comigo quando estiverem com uma dificuldade?"*. Lembre-se que os líderes procuram por profissionais que lhes permitam desfrutar em paz suas noites de sono, na certeza de que seus problemas estão em boas mãos.

E não tenha dúvida que isso também passa pela cabeça de nosso cliente, pois, para ele, a pior coisa que pode acontecer é não ter com quem falar sobre seu problema. Perceba isso e surpreenda, aproveitando esta oportunidade e chamando a responsabilidade (e o cliente) para si. Resolvendo o problema dele, você estará conquistando mais um cliente para sua empresa e a confiança da sua liderança.

Não há nada mais gratificante do que ajudarmos as pessoas a resolverem os seus problemas. Então, comece desde já a procurar por novos desafios e problemas, tratando-os como excelentes oportunidades para solucionar dificuldades e aprimorar suas habilidades.

**WOW!**

Quem não procura resolver os problemas que surgem, passa a fazer parte deles. No mundo de hipercompetição que nos encontramos, os desafios, dificuldades e problemas, felizmente, só tenderão a aumentar e as coisas não serão fáceis. Quanto mais problemas, mais oportunidades para surpreendermos positivamente nossos clientes, parceiros e liderança.

**Pense nisso:** cada dificuldade que você supera, cada desafio que você vence e cada problema que você resolve, cria um problema para outra pessoa. Surpreendente, não? E isso é bom, pois você já pode ter a certeza de que muitas oportunidades surgirão para você surpreender positivamente a liderança, o cliente e você mesmo.

E automaticamente o mundo vai escolher aqueles profissionais que ficam alegres e motivados quando se deparam com uma dificuldade, problema ou desafio pela frente. Tratando-os como oportunidades de crescimento, buscam imediatamente resolvê-los, ainda que não seja da sua área ou atribuição.

Neste caso, havendo uma limitação, até mesmo corporativa por conta da divisão de tarefas, vá até onde sua função permite e depois repasse a questão, o mais mastigado possível, para quem tem autoridade em dar andamento. Porém, não deixe de acompanhar de perto até que a questão seja resolvida, assumindo a responsabilidade por esse atendimento, pois, se não agir assim, estará perdendo uma excelente oportunidade de surpreender o seu cliente (seja ele interno ou externo) e de se desenvolver pessoal e profissionalmente.

Perceba que isso é uma escolha e só depende de você qual caminho pretende trilhar. Lembre-se que uma simples escolha (até mesmo de sorrir ou não para uma pessoa em determinado momento) pode mudar toda uma vida.

O poder da escolha é um precioso presente que Deus nos deu, é o nosso livre arbítrio. Muitas pessoas vão se esforçar para fazer você mudar de ideia ou de caminho, mas, se estiver convencido que sua escolha naquele momento é a melhor opção, siga em frente e surpreenda.

Lembro-me do depoimento de um saudoso amigo advogado e conselheiro meu, chamado Dr. Natal Nadal, que atendia voluntariamente no CVV – Centro de Valorização da Vida. Ele afirmava existir muitas pessoas desesperadas andando ao nosso redor, prontas para se suicidarem e que bastava um simples sorriso ou um sincero bom dia, para mostrar a elas que viver ainda vale muito a pena, de que optar pela vida ainda é a melhor alternativa.

Agora tome cuidado ao lidar com os problemas e desafios, para não tratá-los de maneira negativa e pessimista, pois assim não estará ajudando. É muito comum as pessoas, ao se depararem com um problema, logo buscarem o culpado ou até mesmo ficarem na passividade, ou seja, declararem em alto e bom tom: "Esse não é problema meu!", "Eu não sou pago para resolver isso!" ou "Isso é assunto para cachorro grande!". Pronto, já se tornou parte do problema e desperdiçou uma excelente oportunidade para surpreender positivamente.

Ao invés disso, encare o problema, a dificuldade ou o desafio de forma positiva, reconhecendo que existe aí uma oportunidade e há alguém precisando da sua ajuda, que você poderá ser importante na vida de alguém ou mostrar que você é um profissional competente.

Atenção! Lembra quando eu disse que, quando resolvemos um problema, criamos outro problema para alguém? Esse alguém normalmente é a nossa concorrência. Pois bem, o contrário também é verdadeiro, pois, quando você deixa um problema passar, está dando a oportunidade para seu concorrente surpreender o cliente ou a sua chefia, causando um novo problema para você.

Por isso, quando um cliente ou colega de trabalho reclamar, comemore. Ele estará dando um claro sinal de que há uma oportunidade de algo a melhorar ou de que precisa de ajuda e espera contar com você. E, ao ajudá-lo, você estará reforçando a imagem positiva que ele (agora seu cliente) tem de você ou até mesmo ajudando a resgatar uma imagem positiva que ele manterá sobre sua empresa ou produto.

Isso acontece porque ele estará num estado sentimental propício para você surpreendê-lo com uma postura positiva e pró-ativa. E tenha certeza de que, ao ajudá-lo, ele será eternamente grato a você.

E como o mundo gira, não tenha dúvida de que, quando você estiver precisando de ajuda (lembre-se de que você também é um ser humano), as opções serão maiores e a receptividade que receberá será melhor. Essa humildade em pedir ajuda só nos faz crescer. Olha a humildade aqui novamente.

O seu cliente vai gostar de saber disso. Podes crer! (Opa! Entreguei minha idade). E para que ele saiba disso, é importante dominar algumas técnicas de comunicação, como o elemento surpresa, tema de nosso próximo capítulo.

*Seja único: surpreenda
fazendo diferente!*

# A SURPRESA NA COMUNICAÇÃO

*Daqui a um ano você vai querer ter surpreendido hoje.*
(Marcelo Pinto)

Crie momentos surpreendentes. O momento surpreendente de uma apresentação é quando o apresentador cria um evento impressionante, inesperado ou tão tocante e memorável que prende a atenção do público e é lembrado por muito tempo. Isso funciona, pois estas surpresas criam o que os neurocientistas chamam de um evento emocionalmente carregado, um estado de emoção intensa que aumenta as chances de sua plateia se lembrar da sua mensagem e fazer alguma coisa a respeito. Utilize mensagens concretas e não abstratas, pois, segundo o comunicador Carmine Gallo, o nosso cérebro não foi feito para processar conceitos abstratos, mas mensagens claras, específicas e tangíveis.

A surpresa e o medo são duas emoções muito estimulantes. Por isso que nos lembramos de onde estávamos em 11 de setembro de 2001, mas esquecemos onde deixamos as chaves do carro hoje pela manhã. O cérebro é programado para recordar acontecimentos emocionalmente vívidos e ignorar eventos comuns e mundanos.

Portanto, para se destacar dos demais, deve assumir o controle emocional de sua plateia com momentos "WOW", os quais não precisam ser nada sofisticados, mas tão somente inesperados.

Crie e use esse momento, pois assim o conteúdo de sua apresentação terá mais impacto se ficar gravado na mente dos seus ouvintes[28].

Então comece por surpreender positivamente em suas apresentações. A maior parte dos diretores de empresas está habituada a assistir apresentações e palestras. Se você deseja chamar a atenção deles, introduza um elemento surpresa no seu discurso. Pode ser uma imagem, testemunho, um vídeo ou até mesmo uma demonstração em que ele possa experimentar o que você deseja transmitir.

Há comunicadores que surpreendem ao contratar dançarinos para entreter ou transmitir o conteúdo a ser transmitido, como foi o caso do cientista John Bohannon, que dividiu o palco do TED – Technology, Entertainment Design (série de breves conferências destinadas à disseminação de ideias) com os bailarinos da companhia Black Label Movement para explicar alguns conceitos científicos e sua teoria sobre apresentações[29]. Ou no caso do estatístico Hans Rosling, que quebra com todos os estereótipos e tradições na hora de apresentar dados estatísticos com uma dinâmica surpreendente.

Na palestra e seu respectivo *workshop* que ministro sobre "O Poder do Bom Humor na Comunicação", demonstro as várias maneiras de inserirmos surpresas e bom humor responsável nos slides. São técnicas simples e práticas para tornar sua audiência atenta a você e ao conteúdo que pretende transmitir.

Isso porque ao combinar senso de humor com a novidade, você terá uma apresentação surpreendente. Dê ao seu público

---

28 Gallo, Carmine. TED: falar, convencer, emocionar. São Paulo, Saraiva, 2014.
29 Dance your PhD: John Bohannon & Black Label Movement at TEDxBrussels – https://www.youtube.com/watch?v=UlDWRZ7IYqw – enviado em 23 de nov de 2011

uma razão para se surpreender e sorrir. O senso de humor derruba defesas, deixando o seu público mais receptivo à sua mensagem, mantendo-a na memória por muito mais tempo. As pessoas também acabam simpatizando mais com você, aumentando as chances de apoiarem suas ideias ou fazerem negócio com você.

O riso, principalmente quando antecedido por uma surpresa, não só transmite informações cognitivas aos outros como também induz a acentuação de emoções positivas para influenciar seu comportamento e promover uma atitude mais favorável daquele que ri. Estudos revelam que as pessoas bem-humoradas são vistas como simpáticas, extrovertidas, atenciosas, agradáveis, interessantes, criativas, inteligentes, perspicazes e emocionalmente estáveis.

A chave é ser autêntico. Não tente ser alguém que você não é. Não precisa tentar ser engraçado e nem contar piadas, para ser divertido. Fazendo a lição de casa, apresentada neste meu *workshop*, você injetará um pouco de alegria e leveza na sua apresentação, deixando que ela mesma se incumba de divertir e surpreender sua plateia, sem qualquer tipo de esforço da sua parte.

Com a aplicação do método apresentado neste *workshop*, sua apresentação, por si só, se encarregará de ser divertida e você não se sentirá tão pressionado a fazer graça. Ela mesma provocará risada do seu público. Será um humor natural e autêntico, não precisando você se forçar a ser algo que não é. Lembre-se: o fato de você não ser um comediante, não deve impedi-lo de fazer uma apresentação ao mesmo tempo informativa, surpreendente e divertida.

Está provado que informações transmitidas com bom humor, se tornam mais fáceis de serem absorvidas e permanecem por um maior tempo em nossa memória, além do que as endorfinas produzidas pelo riso, derrubam as defesas de sua plateia, evitando controvérsias ou aliviando o peso de eventos e mensagens traumáticas.

Portanto, sempre busque injetar um pouco de surpresa e humor para ajudar as pessoas a entenderem um tema complexo, especialmente se elas não dominarem o assunto. Muitas pessoas não tem coragem de usar o humor em suas apresentações e é por isso que a maioria das apresentações de negócios é tão árida e enfadonha.

Aprenda a incorporar a surpresa e o humor em sua apresentação de forma criativa e natural. Nosso cérebro adora um bom senso de humor tornando nossa mensagem mais clara e interessante, dando a ela um toque de originalidade. O humor é uma forma de comunicação interpessoal, de modo que um bom senso de humor e o elemento surpresa são importantes habilidades sociais que em geral admiramos nos outros.

Como podemos notar, hoje em dia o elemento surpresa é o que está em alta quando falamos de comunicação para conquistar novos públicos e fidelizá-los. O elemento surpresa é uma ferramenta sensacional de engajamento para as marcas. O envolvimento e a experiência que o consumidor terá com ela podem ser sentidos e replicados agora por milhares de usuários por meio da internet. O consumidor não precisa mais estar presente na frente do produto para ser ativado.

A articulista Mariana Matarazzo destaca que, seja com o Adam Levine dando uma "canja" em um casamento, um convite para tocar ao vivo com uma banda em um programa de TV, uma celebridade batendo na porta da sua casa ou até mesmo aquele antigo taxista, conhecido por todos da TV, a surpresa encanta, choca, expõe toda a sua emoção e coloca tudo à mostra. Deixa a pessoa surpreendida sem amarras. Não dá para fingir quando somos surpreendidos, pelo menos não o tempo todo.

A comunicação e o envolvimento assim dão certo porque gostamos de ver emoções alheias, gostamos de ver o outro rir e chorar. Assim as marcas começam a apostar muito no real, com menos banco de imagens e mais álbuns de família. Começamos a ver no marketing e na publicidade (seu instrumento mais utilizado) muito mais fotos e vídeos reais com gente normal, que não foi ao cabeleireiro nem ao maquiador[30].

---

30 Artigo: É a vez da emoção – Mariana Matarazzo – 19/jan/15 – http://www.administradores.com.br/artigos/marketing/e-a-vez-da-emocao/84132/

*Viva! Ganhei na Raspadinha! Vou comprar um chocolate Surpresa e um Kinder®Ovo?*

# A SURPRESA NO MARKETING E PUBLICIDADE

> *"Campanhas publicitárias que estimulam a surpresa, aumentam a intenção de compra."*
> (Estudo "Heart", realizado no Brasil pela Blend New Research)

Conforme destaca o nosso já conhecido psicólogo e autor Fernando Cembranelli, o marketing e a publicidade são outros campos em que a surpresa é convocada com insistência e altamente valorizada. Ela costuma figurar (não com a frequência que merece) nos livros e manuais como um dos ingredientes que dá sabor inesquecível às receitas do meio publicitário, aquele "algo mais" que pode fazer o sucesso de uma campanha ou um produto.

A surpresa é, portanto, um ingrediente valorizado porque ela prepara e qualifica a sensação de novidade que se mostra essencial para o sucesso do empreendimento publicitário. Nesse ponto, a surpresa pode funcionar como o termômetro que orienta o consumidor diante de suas escolhas.

Portanto, a surpresa pode ser o fator de sobrevida contra a morte precoce de nossas próprias escolhas, uma vez que a maior parte dos consumidores dá preferência a produtos e serviços que lhes surpreendem positivamente.

É sabido por todos e sempre destaco em minhas palestras sobre vendas que a alegria aumenta a intenção de compra dos consumidores. As campanhas publicitárias que estimulam emoções positivas, como alegria, surpresa e encantamento, aumentam a intenção de compra, mesmo que o consumidor não saiba indicar isso de forma racional. A constatação é do estudo 'Heart', realizado no Brasil pela Blend New Research, que avaliou a emoção de consumidores frente a campanhas publicitárias.

Os pesquisadores utilizaram a metodologia do neuromarketing *"Facial Recognition"*, desenvolvida na Universidade de Lausanne, na Suíça. Baseado em um software de reconhecimento facial, o sistema mapeia pontos específicos do rosto do espectador e mensura as emoções não voluntárias e a intensidade delas. O estudo analisou a reação de 400 consumidores a 100 peças publicitárias dos segmentos de telecomunicações, cerveja, bancos e automóveis.

A pesquisa aponta que as campanhas mais bem avaliadas pelos consumidores têm três características fundamentais: aceleração, cadência e encanto. A aceleração está presente nos primeiros segundos do filme, despertando intensamente as emoções de alegria e surpresa. Já a cadência é a forma de contar uma boa história. De acordo com o estudo, uma boa cadência pode alavancar a audiência já nos primeiros 10 segundos do enredo. Por último, o encantamento está presente nas campanhas que apresentam um *"grand finale"*, que têm um pico de alegria no final precedido de surpresa.

Lucas Pestalozzi, presidente da Blend New Research, diz que a teoria das emoções já era conhecida, mas que o resultado evidenciou o valor da alegria, algo que tem aderência em todas as culturas. Ele conclui: *"É conhecida a teoria das emoções, mas chamou a atenção o impacto das emoções positivas. Constatamos que a alegria é um dos determinantes para a decisão de compra".*

Os comerciais mais eficientes identificados pelo estudo tinham 56% de seu tempo com imagens alegres, 12% de surpresa e somente 1% de tristeza. Já nos comerciais que geravam baixa intenção de compra, 28% do tempo de duração eram momentos bons, 11% eram de tristeza, 4% de aversão e 4% de incômodo.

Note que para realmente surpreender não é necessário investir volumosos recursos financeiros em novas e mirabolantes estratégias e campanhas de marketing. Para surpreender de verdade os seus clientes e transformá-los em fãs (pois ao final do dia este deve ser sempre o nosso grande objetivo) é preciso que você faça algo que pouquíssimas pessoas têm feito ou que jamais se esperava que fizessem e que, como todos sabemos, tem um impacto extremamente poderoso e gera reações e resultados absolutamente espetaculares.

Um exemplo de marketing que surpreendeu o Brasil foi a campanha publicada em março de 2011, na qual a Cerveja Devassa apresentou, como garota propaganda, ninguém menos do que a cantora Sandy, marcada pela imagem de boa moça. O slogan da campanha é simples: *"Todo mundo tem um lado devassa. Até a Sandy"*. A cerveja apostou no inusitado trazendo a cantora conhecida pela imagem inocente e recatada em um estilo marcado pela sensualidade e ousadia. A principal aposta foi, sem dúvida, o elemento surpresa – surpreender os consumidores e provocar a discussão. Quem, afinal, teria sequer cogitado a Sandy como garota propaganda da Devassa?[31]

Como foi possível notar, o elemento surpresa se mostra extremamente importante como instrumento para o marketing e publicidade, pois a mente humana também tende a se lembrar das coisas que não são comuns e que se diferem das demais, como acontecimentos não previstos ou que não costumam ocorrer em situações normais (lembram-se da vaca colorida e do sor-

---

31 Sandy faz Propaganda da Cerveja Devassa - https://www.youtube.com/watch?v=KosFBa3Ku70 – enviado em 4 de abr de 2011

risão expostos na praça?). Por isso, não hesite em desenvolver campanhas inovadoras, mesmo que elas fujam do padrão do seu segmento de atuação.

Uma das melhores formas de deixar uma impressão permanente na memória das pessoas é fazer o uso das emoções. Os anúncios que conseguem apelar para alguma de nossas emoções, e não somente para o nosso lado racional, costumam ficar na memória do público-alvo até mesmo por décadas.

É mais do que conhecido o poder da surpresa nas campanhas de marketing, até pela sua função de melhorar a memorização e estar ligada à alegria e bem-estar dos consumidores. E não é por menos que as empresas de publicidade e marketing estão investindo cada vez mais no elemento surpresa para o sucesso de seus clientes.

Aproveitando o ensejo deste livro, compartilho com você algumas das campanhas e produtos que apostaram no elemento surpresa e se deram muito bem:

**A História do Chocolate SURPRESA:** o Chocolate Surpresa foi uma linha de chocolates produzida pela Nestlé, lançada originalmente na França e posteriormente no Brasil, mais precisamente em 1983. Destacava-se pelo fato de trazer sempre como surpresa um cromo colorido e colecionável, geralmente com temas da natureza, contendo uma ficha com detalhes de diversos animais, como o nome popular, família, nome científico, habitat, hábitos alimentares, reprodução e particularidades. Assim, a Nestlé manteve o produto por mais de 15 anos no mercado brasileiro, uma vez que se tornou uma referência da infância nos anos 80 no Brasil[32], como a minha.

**A História do KINDER® OVO -** Kinder® Ovo é uma marca com um simples objetivo: fazer crianças e pais felizes com um produto não somente saboroso, mas que também con-

---
32 http://www.propagandashistoricas.com.br/2013/08/chocolate-surpresa-nestle-1995.html

tenha a **emoção da surpresa** e a felicidade de brincar. Kinder® Ovo ou Kinder® Surpresa, como também é conhecido, é vendido em mais de 70 países ao redor do mundo, encantando mais de 2,5 milhões de famílias a cada dia. No Brasil, a marca da Ferrero surgiu em 1994 e, desde então, está presente na casa e no coração das crianças. Com uma gema diferente, o Kinder® Ovo realiza três desejos de uma só vez: chocolate, brinquedo e a magia de uma surpresa[33].

**A Loteria RASPADINHA** (mais conhecida como loteria instantânea) aposta na surpresa: Os cartões de raspadinha, também chamados de raspadinhas ou bilhetes de raspadinha, cativam um grande público no mundo todo, seja pela diversão e surpresa (neste caso nem sempre positiva) que ela proporciona. Trata-se de um cartão de loteria no qual há uma tarja para raspar, revelando se há ou não prêmios.

Também conhecida como Scratch Ticket, a raspadinha é um jogo (de loteria) divertido que está presente em nosso mundo. Em 1974, o Commonwealth de Massachusetts nos Estados Unidos desenvolveu a primeira raspadinha denominada Instant Game.

Surgiram, assim, dois conceitos revolucionários: a loteria instantânea e a premiação instantânea. Os jogadores se divertem raspando a película protetora para saber se ganharam ou não um prêmio instantaneamente.

Mas as raspadinhas se tornaram muito populares quando a AstroMed Inc, uma empresa americana sediada em Rhode Island, patenteou o Scratch Card em 1987. Isso permitiu a distribuição segura desses bilhetes pré-impressos através de inúmeros pontos de vendas nacionais e federais, sendo conveniente para jogar em todo o lugar, sendo possível, atualmente, também jogá-la on-line.

As raspadinhas têm sido usadas para uma série de causas, como caridade e associações federais, além de servir como um

---
33 http://www.kinderovo.com.br/sobre/ e http://mundodasmarcas.blogspot.com.br/2006/06/kinder-ovo-doce-surpresa.html

veículo de propaganda, distribuindo prêmios. Há notícia de que uma loteria no estado de Indiana, nos EUA, lançou uma raspadinha que oferece um prêmio bastante incomum. Além de prêmios em dinheiro, o apostador pode ganhar fornecimento de bacon por vinte anos. Além disso, a raspadinha também tem aroma de bacon.

**CUPOM SURPRESA:** as pesquisas comprovam que o uso de **cupom surpresa** aumenta a quantidade de compras do consumidor e influencia diretamente a sua satisfação. Envolvendo positivamente o consumidor, estimula-o a frequentemente aconselhar outros consumidores a adquirirem o produto. Esta alta estimulação é inerente à surpresa, por conta da alta incidência de comentários com outros consumidores, conhecido como o boca a boca, sobre os eventos experimentados. Dividir o prazer ou frustração com outras pessoas parece ser a regra quando se fala em surpresa. Isso porque o evento normal, que confirma nossas expectativas, não parece merecer tantos comentários.

E um ponto que faz desta experiência um sucesso é o suspense que ela causa, sobre o que está por baixo da película, ou dentro do ovo ou da embalagem do tablete de chocolate, que esconde aquele prêmio tão desejado. E por falar em suspense, vamos passar para o nosso próximo capítulo.

*Cruz credo! Por este final eu não esperava!*

# A SURPRESA E O SUSPENSE

"Histórias são únicas, assim como as pessoas que as contam, e as melhores histórias são aquelas cujo final é uma surpresa."
(Nicholas Sparks, escritor estadunidense)

Para que uma surpresa perdure é importante causar discrepância em relação ao evento. E uma alternativa interessante para gerar essa surpresa pode ser o suspense.

O mestre Alfred Hitchcock tinha uma teoria genial sobre suspense e surpresa, que compartilho com você: imagine que tem duas pessoas jantando em um restaurante. Tem uma bomba debaixo da mesa. Você sabe que tem a bomba, eles dois não. A bomba vai explodir em dez minutos e, enquanto eles conversam, você vê a contagem regressiva. A bomba explode. Isto é suspense. Agora imagine um casal em um restaurante. Eles estão conversando quando, de repente, uma bomba explode. Isso é surpresa.

O suspense deve ser usando durante o texto e a surpresa ao final do texto – ou no fim de cada parte do texto. Se seu texto é sobre um garoto pobre que vira craque do futebol mundial, não deixe nenhuma pista no texto que leve o leitor a desconfiar disto.

# WOW!

Faça ele pensar que o garoto vai morrer pobre, criando suspense e, no final, transforme o garoto no craque mundial, utilizando-se da surpresa. É comum ver pessoas se confundindo e utilizando a surpresa já no título ou usando o suspense erradamente.

Para ilustrar e atiçar a sua curiosidade, repasso algumas das indicações de *"40 filmes com desfechos surpreendentes"* publicada pela redação do site Super, da Abril, mostrando que a história do cinema é marcada por revelações bombásticas e surpreendentes, quase infalíveis para que uma produção fique por mais tempo gravada na memória de quem assiste[34]:

- **"Star Wars – Episódio V: O império contra-ataca" (George Lucas, 1980)** – Luke Skywalker, Han Solo e a Princesa Leia lideram uma aliança rebelde e tentam resistir aos ataques do Império. Ao final deste episódio da série, Darth Vader congela Han Solo e tem um confronto decisivo com Luke. Depois de decepar uma das mãos do herói, o vilão mais querido dos *nerds* faz a revelação que ajudou a transformar a série em um clássico. Você sabe qual é essa revelação?
- **"Psicose" (Alfred Hitchcock, 1960)** – A jovem secretária Marion rouba 40 mil dólares, foge e vai parar em um hotel bizarro. Aí ela decide tomar um banho e começa assim uma das sequências de suspense mais famosas de todos os tempos. Mas o verdadeiro mistério da trama é guardado para o desfecho, quando finalmente entendemos melhor o assassino misterioso.
- **"O sexto sentido" (M. Night Shyamalan, 1999)** – Cole vê gente morta o tempo todo. Enquanto tenta tratar e orientar o garotinho, o psiquiatra Malcolm Crowe, interpretado por Bruce Willis acaba descobrindo muita coisa sobre a própria vida, com um final surpreendente.
- **"Planeta dos macacos" (Franklin J. Schaffner, 1968)** – Em algum lugar do futuro, o astronauta George Taylor

---

34 http://super.abril.com.br/galerias-fotos/40-filmes-desfechos-surpreendentes-699961.shtml#0

e sua equipe aterrissam em um planeta dominado por macacos, onde os humanos são oprimidos e escravizados. A revelação vem no final, quando Taylor, ao conseguir escapar dos símios que o perseguem, constata onde toda a aventura se passou.

- **"Chinatown" (Roman Polanski, 1974)** – Um detetive especializado em casos matrimoniais é contratado por uma mulher misteriosa da alta sociedade para investigar a traição de seu marido. Quando começa a se envolver com o caso, o detetive descobre que não foi a esposa do ricaço que o contratou. Essa é a primeira de muitas intrigas e reviravoltas neste que é considerado um dos roteiros mais brilhantes da história do cinema. A cereja do bolo é a surpresa na revelação final.
- **"'Seven" (David Fincher, 1995)** – Um serial killer que orquestra seus crimes baseado nos sete pecados capitais desafia a inteligência dos dois detetives que investigam o caso. Quando um deles começa a trazer para dentro de casa suas frustrações com o trabalho, começa a se desenhar um final trágico e perturbador.
- **"Garotas Selvagens" (John McNaughton, 1998)** – Um conselheiro estudantil é acusado de estuprar duas adolescentes: Kelly, uma jovem mimada que é apaixonada por ele, e Suzie, a rebelde sem causa da cidade. Logo se descobre que as duas armaram um plano. E essa não é nem de longe a reviravolta mais importante do filme.
- **"Identidade" (James Mangold, 2003)** – Dez pessoas estranhas ficam presas em um hotel de beira da estrada durante uma tempestade. O clima fica tenso quando elas começam a ser assassinadas, uma a uma. A surpresa fica por conta da identidade do assassino.
- **"Traídos pelo Desejo" (Neil Jordan, 1992)** – O terrorista Fergus mantém em cativeiro o soldado britânico Jody. Os dois ficam amigos e Jody, sabendo que vai morrer, pede a Fergus que encontre sua namorada Dil. Fergus a encontra

e se apaixona por ela. Mas ao final descobre que ela não é exatamente como ele imaginava.

- **"Sem saída" (Roger Donaldson, 1987)** – O militar Tom passa a ser o principal suspeito do assassinato de uma "femme fatale" (sempre elas). Acontece que ela também era amante do Secretário de Defesa David Brice, que foi quem provavelmente a matou. Enquanto Tom tenta provar sua inocência, descobrimos mais detalhes sobre o crime, até o final surpreendente.
- **"A órfã" (Jaume Collet-Serra, 2009)** – Kate e John, que perderam recentemente um bebê, adotam Esther, uma menina misteriosa de nove anos de idade. Apesar de ser uma garota adorável e talentosa perto do pai adotivo, Esther torna a vida de Kate e de seus dois irmãos adotivos um inferno. Enquanto a família entra em colapso, Kate tenta descobrir mais sobre a origem da garota diabólica. O final é realmente surpreendente.
- **"Sexta-feira 13" (Sean S. Cunningham, 1980)** – Tudo começou com uma criança que se afogou em um acampamento, graças à negligência da equipe de conselheiros. Quando o acampamento reabre, anos depois, os novos conselheiros são perseguidos por um assassino misterioso. Parece óbvio que se trate da criança afogada que voltou dos mortos para assombrá-los, né? Na verdade, não.
- **"O grande truque" (Christopher Nolan, 2006)** – Robert Angier e Alfred Borden são dois mágicos que levam sua rivalidade a sério demais, um sempre tentando desbancar o outro. Quando Alfred começa a levar vantagem na disputa, Robert desconfia e resolve investigar para saber o que está por trás dos misteriosos e perigosos truques do rival. O final é um daqueles momentos em que você se pergunta: "Como é que eu não pensei nisso antes?".

Como vocês poderão notar após assistirem aos filmes acima sugeridos, a surpresa deve vir sempre ao final, assim como acontece no humor e nas piadas.

> "O segredo do humor é a surpresa."
> (Teoria da Incongruência)

# A SURPRESA E O HUMOR (PARECE PIADA)

*Rir é tão bom que me surpreende ser de graça.*
(Marcelo Pinto)

A teoria da surpresa, assim como a do suspense é a base de qualquer piada. O suspense cresce durante a piada e a surpresa vem no final. E você ri porque a surpresa contradiz o suspense. Como vimos nos exemplos de filmes sugeridos no capítulo anterior, aprenda a utilizar o suspense ao seu favor, também no humor, levando o leitor para um lado, quando na verdade você está indo para outro.

Este suspense que "dribla" o seu interlocutor, seja ele o cliente, líder, liderado, amigo ou familiar, sempre funciona. E, ao contrário do que se pode pensar, eles não se ofenderão em serem ludibriados (no bom sentido), pois todos gostamos do efeito da surpresa no final da piada.

O fator surpresa é, com certeza, um importante ingrediente do humor. Por isso, também, que os bebês sorriem com os movimentos bruscos ou com mudanças de expressão (como aquelas caretas engraçadas que fazemos) mostrando que falhas nas sequências de comportamento podem causar o riso.

A piada necessita do efeito surpresa e seu êxito culmina necessariamente numa gargalhada. Como afirmo em meu primeiro livro, "Sorria, você está sendo curado", não existem piadas novas ou velhas, mas sim conhecidas ou desconhecidas. O segredo do piadista e humorista, para surpreender, é pensar lateralmente, ou seja, juntar duas coisas que nunca estiveram juntas antes, trazendo um elemento novo a um universo já visitado e revisitado tantas vezes.

Entre os tantos aspectos que contribuem para influenciar e persuadir uma pessoa, o humor é muito importante. Se alguém consegue fazê-lo rir enquanto tenta convencê-lo a mudar de ideia, há grande probabilidade de que este alguém consiga atingir seu objetivo.

O humor exerce ascendência sobre todos, por causa da propriedade da incongruência. A base do humor é ser incongruente, ou seja, trazer em si um contrassenso, uma surpresa, algo inesperado – atributos que quebram as expectativas.

Ao exteriorizar nossa surpresa, ganhamos tempo, espaço e oportunidade de organizar nossos pensamentos. O riso facilita a adaptação. O estudo da anatomia de piadas mostra que muitas delas possuem elementos de choque e de incongruência.

Nas piadas, essa segunda interpretação é sempre surpreendente. A razão estrutural é uma mudança de escopo, ou melhor, a possibilidade de haver dois sentidos, o que gera uma ambiguidade.

Mas lembre-se que, assim como ocorre com a surpresa e o suspense, no humor a graça deve ser colocada no final. A ideia é parar de falar depois do instante de surpresa numa piada. Quando a graça vem no final, sua plateia fica surpresa e divertida. Quando vem antes, ela fica surpresa e confusa. A graça de uma piada é uma faísca que dá início ao riso. Mas ela não terá o efeito esperado se continuarmos falando, sem dar oportunidade para a plateia se desmanchar de rir.

**Outra dica:** não avise que contará uma piada, pois assim, ao anunciá-la, você estará eliminando a surpresa essencial para quase todos os tipos de humor e aumentando a resistência da plateia.

E, para finalizar, compartilho com você uma "piada de salão" sobre Festa Surpresa, para nos mantermos fiel ao contexto deste livro:

"No hospício um dos loucos estava preparando uma festa e curioso o médico perguntou a ele:
— O que você está fazendo?
— Estou preparando a festa surpresa da minha mãe.
— Que legal! Você quer que eu te ajude?
Aí o doido respondeu:
— Não precisa. Minha mãe já está me ajudando."

Se você conhece uma piada melhor do que esta, me envie, por favor, para que possamos substituí-la na próxima edição deste livro! Rs rs rs

E agora, por falar em mãe, vamos passar surpreendentemente do Humor para o Amor.

*Minha Nossa Senhora! Não é para amar uma mulher assim?*

# A SURPRESA NO CASAMENTO E NO AMOR

> "Não há surpresa mais maravilhosa do que a surpresa de ser amado."
> (Charles Morgan, dramaturgo inglês)

**Surpreeesaaa! Estes dois próximos capítulos não constam do índice do livro, pois a ideia era fazer esta surpresa positiva para vocês, uma vez que o título dele nos remete a assuntos profissionais, mas é claro que eu não poderia deixar de ressaltar a importância da surpresa também para os relacionamentos pessoais, em especial no Amor e em Família.**

Como os conselheiros matrimoniais já vêm orientando há muitos anos, o elemento surpresa é um ingrediente indispensável para a manutenção de qualquer relação, inclusive pessoal, desde o momento do flerte até o casamento, propriamente dito.

Há vários exemplos de iniciativas surpreendentes envolvendo o fator surpresa, como essa que foi noticiada no dia dos Namorados de 2015, pela repórter Mary Porfiro do portal G1 em Rondônia, quando uma jovem se casou de surpresa ao pensar que participaria de um desfile de noiva em um shopping center de Porto Velho.

A jovem não via a hora de se casar com o namorado, mas só não imaginava que seria cinco dias depois do noivado. E ainda de surpresa. O casal se conheceu no grupo da igreja em 2014 e, após firmarem a amizade, decidiram iniciar um namoro diferente, optando por não se beijar até o dia do casamento (Só até aqui já vale a surpresa).

Após um ano de namoro, o rapaz decidiu realizar algo único e marcante para surpreender a amada. Foi quando surgiu a ideia de pedi-la em casamento em um lugar onde muitas pessoas pudessem testemunhar o amor dos dois. Ele então procurou a administração do shopping center da cidade para pedir autorização para fazer o pedido.

Qual não foi a surpresa, para ele também, que a administração do shopping disse que coincidentemente estavam programando uma "falsa" cerimônia de casamento, propondo se ele topava casar de verdade no local, com a estrutura oferecida pelo estabelecimento, o que foi por ele aceito de pronto.

Na mesma semana, os organizadores convidaram a jovem para ser uma das modelos do falso desfile, pois ela já trabalhava em passarelas anteriormente, o que foi aceito de imediato. No dia do desfile, a noiva se juntou com outras modelos e partiu para o shopping. No local, familiares e o noivo já aguardavam. Quando ela desceu do carro e entrou no recinto, se espantou com o número de pessoas presentes e só se deu conta do que realmente estava acontecendo quando viu o pai, que a tomou pelo braço para conduzi-la ao altar.

Ela não conteve a emoção e chorou de alegria, é claro! O evento parou o shopping por quarenta minutos. E o primeiro beijo do casal aconteceu sob os olhares curiosos dos frequentadores do centro comercial, que fizeram questão de testemunhar a celebração do amor do casal, para felicidade também da administração do shopping, que teve esta história propagada aos quatro cantos do país, em diversos meios midiáticos e principalmente pela internet e agora neste livro. Percebeu a vantagem da surpresa?[35]

Outro evento surpreendente que teve enorme divulgação pela internet foi o do padre Ray Kelly, que em abril de 2014 se tornou famoso graças ao *cover* da música "*Hallelujah*" (Aleluia) que ele cantou durante a cerimônia de casamento de Chris e Leah O`Kane. Durante parte do seu discurso, o padre surpreendeu os dois noivos e o público com a canção, modificando todas as falas e as adaptando para o casal[36].

Em outro casamento, presenciado pela blogueira Poly, o padre falou sobre a surpresa. Com certa poesia, mas sem muitas delongas, pediu aos noivos, basicamente, que se deixassem surpreender. Que não deixassem o dia a dia cegar-lhes para as mudanças que viriam[37].

A seguir compartilho alguns dos pedidos de casamento mais inusitados e surpreendentes colecionados pelo site R7[38]. Um pedido de casamento pode ser emocionante e surpreendente e ainda inspirar outros casais apaixonados. Por isso, o perfil do Instagram How He Asked reúne as melhores histórias desse momento.

Nos Estados Unidos, é comum que o pedido de casamento tenha um fotógrafo escondido, contratado especialmente para flagrar a emoção e a surpresa. Por isso, muitos casais têm registros lindos desse momento:

- como o do namorado que esperou a amada, Serena, viajar para pintar com spray alguns guarda-chuvas, cada um com uma letra. Quando ela voltou de viagem, pediu que fossem até o terraço do prédio para ajudar um amigo a mudar algumas coisas de lugar. Lá no alto, pararam

---
35 http://g1.globo.com/ro/rondonia/noticia/2015/06/jovem-se-casa-de-surpresa-ao-pensar-que-participaria-de-desfile-de-noiva.html
36 https://www.youtube.com/watch?v=XYKwqj5QViQ
37 http://4retalhos.blogspot.com.br/2011/10/surpresa.html
38 http://entretenimento.r7.com/mulher/fotos/veja-18-pedidos-de-casamento-inspiradores-13042015#!/foto/5

para admirar a vista incrível de Manhattan. Então ela percebeu que alguns de seus amigos estavam lá embaixo. Ela ficou confusa até eles abrirem os guarda-chuvas e formarem a frase "Quer casar comigo?". Enquanto ela ficou ali parada, em choque, ele se ajoelhou e ouviu um "sim" entre as lágrimas dela;

- em outra situação, o noivo pediu a noiva em casamento e, quando dobraram a esquina, já havia um piquenique esperando por eles. Na toalha estava um *scrapbook* que ele fez, mas não era *scrapbook* qualquer. Ele guardou coisas especiais sobre o relacionamento deles, como os bilhetes de trem da aventura passada na Itália, o porta-copos dos restaurantes favoritos de ambos, todos os cartões que ela havia escrito para ele, um mapa do local em que rolou o pedido de casamento e páginas em branco para preencher com recordações do fim de semana deste noivado;
- em outro caso, Jake resolveu fazer um ensaio de Natal com a namorada e o fotógrafo favorito dela. Quando pediram para ver as fotos na câmera, Jake disse que estava faltando alguma coisa. Ela não entendeu. Ele disse que havia algo errado com aquele anel de compromisso na mão dela. Aí ele tirou um anel de noivado do bolso e disse que aquele ficaria melhor;
- o namorado de Amanda disse a ela que precisava se encontrar com um amigo para entregar determinado projeto. Eles sentaram no parque para esperar o tal amigo e, dentro da bolsa que ele levou, estava um álbum que Amanda fez, um ano antes, sobre os acontecimentos importantes do relacionamento. O namorado fingiu que não sabia que o álbum estava ali dentro e os dois começaram a olhar juntos. Até que, na última página, Amanda notou que algo estava diferente. Havia a data daquele dia e a anotação: *"Você quer se casar comigo?"*;

- em outro dia, Randee e a namorada foram pescar juntos e ele pediu a ela, em determinado momento, que pegasse uma nova isca na mala. Quando ela abriu, encontrou um pacote de uma joalheria que os dois gostavam. Quando ela virou, ele estava de joelhos. Ela começou a chorar. E o discurso dele só fez com que ela se debulhasse ainda mais;
- a irmã de Adam, Lindsay, é fotógrafa, então a namorada dele nem estranhou quando ela pediu, mais uma vez, para fazer um ensaio fotográfico do casal. Entre uma foto e outra, Adam pediu à namorada que fosse ao carro pegar algo e, quando ela voltou, Adam disse que o filho, Jace, precisou trocar de camiseta e queria que a amada desse uma olhada na roupa. Quando ela abriu o zíper do casaco de Jace, ela achou uma camiseta que dizia "*Você vai se casar com o papai?*".

Desejo que estes exemplos possam inspirar você, leitor(a), mas vale aqui o alerta para que tomemos cuidado com as surpresas planejadas, principalmente nestes momentos, a fim de que nós não sejamos os surpreendidos negativamente. Vejam o que aconteceu neste caso publicado pela repórter Mayara Dias no dia dos Namorados de 2015: Michael Joseph, romântico à moda antiga, resolveu pedir sua namorada em casamento e para isso ele fez todo um preparo: instalou câmeras dentro do seu carro e pediu para a atendente de um *fast food* esconder a aliança dentro de um sanduíche, para que tudo saísse perfeito.

Só que não saiu bem como ele imaginou, isso porque a mulher disse "não" à prova de amor. Em um vídeo publicado na internet, ele descreve como conheceu a amada e porque resolveu pedi-la em casamento em uma lanchonete: *"O nosso primeiro encontro foi em um fast food"*, disse ele.

Mas na hora H, a mulher respondeu: *"Que esquisito! Isso é uma piada? Você não pode me pedir em casamento com um san-*

*duíche de frango. Eu não consigo casar com você, eu não posso!"*, disse ela chorando de tristeza. Apesar do pedido desastroso, Michael avisou, através de uma rede social, que ele e Ann continuam juntos e estão pensando em se casar[39].

Outro exemplo, mas que agora envolve a falta de planejamento ao realizar uma surpresa é o caso do noivo que encomendou o anel de noivado em uma famosa loja, pedindo para que lhe avisassem quando estivesse pronto para retirada, porém a atendente desavisadamente ligou para o celular dele para avisar que o anel estava pronto. Como no momento do telefonema o noivo estava dirigindo, quem atendeu a ligação foi a sua noiva, que sem se apresentar à atendente acabou descobrindo toda a surpresa.

Agora reservei o espaço abaixo para você redigir uma declaração surpreendente para alguém muito especial em sua vida. Imagine que gostosa surpresa esta pessoa terá ao chegar a essa altura da leitura e se deparar com suas carinhosas palavras:

DECLARAÇÃO PARA UMA PESSOA MUITO ESPECIAL

___

[39] http://www.meionorte.com/entretenimento/curiosidade/homem-faz-pedido-de-casamento-surpresa-e-ouve-nao-na-resposta-272317

*Cacilda! Essa é a minha Família!*

# A SURPRESA EM FAMÍLIA

"Nossas vidas são definidas por momentos.
Principalmente aqueles que nos pegam de surpresa."
(Bob Marley, músico jamaicano)

Os melhores momentos de surpresa também são realizados em Família, pois tudo que se trata da Família já vem com uma imensa carga de emoção, o que faz com que qualquer gesto, por mais simples se seja, desperte em todos nós as mais emocionantes reações.

Pensando nisso, colecionei alguns exemplos que realmente me surpreenderam:

- a garotinha loira que cantou em libras Feliz Natal para os pais surdos. Este vídeo viralizou na Internet, diante da sensibilidade e graciosidade da filhinha, preocupada com que os pais participassem e se sentissem inseridos na cerimônia de Natal realizada na escola[40];

---
[40] http://pacmae.com.br/2013/12/13/menina-faz-surpresa-para-pais-surdos-e-traduz-apresentacao-de-fim-de-ano-para-a-linguagem-dos-sinais/

- tem também o exemplo invertido, ou seja, do pai que cantou em libras no aniversário da filha surda[41];
- outro exemplo surpreendente foi publicado em março de 2015 pela VEJASP, no qual os moradores de determinado bairro se uniram para aprender a linguagem de sinais a fim de fazer surpresa ao vizinho surdo que morava, sozinho, próximo deles[42];

E compartilho com você, uma passagem que muito me alegra e emociona ao lembrar: a festa de aniversário de oitenta anos do meu pai Aldão. Primeiro que toda a festa foi planejada secretamente com nossa Família, para ser realizada em minha casa, uma vez que meu pai gosta muito de passear e almoçar na Serra da Cantareira onde moro. No dia do seu aniversário, um Domingo, nós combinamos de celebrar seu aniversário almoçando num restaurante da Serra, mas no meio do caminho informei que precisava passar antes em casa para pegar minha esposa e filhos que iriam com nós.

Para surpresa do meu pai, quando chegamos em casa pedi para ele abrir a porta da garagem para eu entrar com o carro. Foi quando ele se deparou com mais de cinquenta familiares próximos, convidados para celebrar com ele, em grande estilo, seu aniversário.

Mas a surpresa não parou aí não, ou melhor, ela estava só começando, pois meu irmão caçula, que mora em Joinville, Santa Catarina, gravou um vídeo junto com sua esposa Ana Flávia e gatíssima filhinha Ana Clara, desejando um Feliz Aniversário para ele.

Assim, nos reunimos todos no salão de festas de casa e montei o projetor com telão. Colocamos algumas cadeiras para que ele e minha mãe se sentassem, a fim de assistirem ao depoimento do Paulinho e Família.

---

41 http://www.olhaquevideo.com.br/video/3018/a-surpresa-que-este-pai-faz-no-casamento-da-filha-vai-te-emocionar
42 http://vejasp.abril.com.br/blogs/pop/2015/03/10/linguagem-de-sinais-surpresa-surdo/

Em determinado momento do vídeo, o Paulo pede para o pai fechar os olhos e sentir o calor da sua presença num forte abraço e, surpreendentemente até para nossa mamãe Lili, o Paulinho e Família, que tinham secretamente viajado um dia antes e se hospedado em casa, vieram por trás dos dois e lhes deram um forte abraço.

Agora deixo por conta de vocês, imaginarem a gostosa surpresa que papai e mamãe tiveram neste momento. Choro de alegria sempre que me lembro deste momento, como também das diversas surpresas que programamos no aniversário de debutante de minha filha Marcela. É aquele do bolo cênico, que deixou minha esposa Andréa furiosa.

O aniversário da Marcela foi planejado para surpreender todos os convidados de hora em hora, com a participação desde garçons cantores até apresentação de dança de salão comigo e a Andréa, passando pelo discurso inflamado do Marcos Paulo, nosso filhão.

Mas um dos pontos surpreendentes (para todos, inclusive para minha esposa e filho) que me emociona até hoje, foi no momento da valsa com o pai, em que a Marcela, por ser bailarina profissional, propôs que eu fizesse um "pas de deux" com ela. Isso mesmo, que eu fosse o seu bailarino. Imaginem eu, com meus cinquenta anos e oitenta e cinco quilos bem distribuídos na região da cintura, dançando *ballet* com minha filha (de terno é claro!).

Foram meses de ensaio em que eu me reinventei e nunca estive tão próximo de minha filha, vivendo sua realidade e sonho. E vira pra cá, virá pra lá, levanta ela, desce com delicadeza, etc. Mas o resultado foi surpreendente até para os convidados e familiares.

E é assim, com esta maravilhosa, emocionante e surpreendente lembrança, que finalizo estes dois capítulos surpresa, com o desejo de ter lhes despertado para a importância de surpreendermos positivamente nossos amigos e familiares, seja em festas, seja com os presentes de aniversário, casamento ou noivado.

*Tia, posso trocar este presente por um brinquedo?*

# OS CUIDADOS COM O PRESENTE SURPRESA

*"Minha mãe sempre dizia: a vida é como uma caixa de bombons. Você nunca sabe o que vai encontrar."*
(Forrest Gump, personagem do ator Tom Hanks)

Dependendo do tamanho de sua família e círculo social, a compra de presentes pode ser uma tarefa surpreendente, contínua e desesperadora. Como descobrir o melhor presente para dar a alguém?

Ao analisar cientificamente o ato de presentear, pesquisadores da Universidade de Yale descobriram que há um déficit de comunicação entre presenteadores e presenteados. Aqueles que dão o presente (os presenteadores) querem dar algo que tenha o melhor valor. No entanto, as pessoas que o recebem (os presenteados) preferem algo que seja simples e conveniente.

Nos exemplos dados pelos estudiosos, eles davam um programa de computador com vários recursos ou um programa mais simples, com menos recursos. Conclusão da pesquisa: os presenteadores preferiram dar o programa mais complexo, enquanto que os presenteados gostariam de receber o programa mais simples.

Outra pesquisa envolveu o **cartão-presente** para restaurantes. Se um restaurante tem excelentes classificações, mas fica a uma hora de distância e outro fica a cinco minutos de distância, mas com qualificações não tão boas, a tendência se repete. Mais uma vez, o presenteador escolheu o restaurante altamente classificado, enquanto que o presenteado preferia ganhar o cartão-presente para o restaurante que ficava mais próximo de sua residência.

Outro ponto a ser considerado na hora de comprar um presente é atender ao que a pessoa pediu. Sabe aquela coisa de pensar que fazer uma surpresa mostra que você se importa mais? Atenção! Os que ganham presentes simplesmente querem o que pediram. Além disso, o preço não é um fator significativo. De acordo com a mesma pesquisa, as pessoas não tendem a ficar mais animadas com presentes caros em relação aos mais baratos. Ao optar pelo presente surpresa, procure antes saber o que deseja ganhar a pessoa a ser presenteada.

E você deve estar pensando: *"Sabe de uma coisa? Eu vou dar dinheiro de presente, porque aí não tem erro"*. Realmente a maioria das pessoas, quando são muito próximas ou jovens, gostam de ganhar o presente em dinheiro, mas devemos convir que estaremos perdendo uma grande oportunidade de surpreender e demonstrar carinho e atenção neste momento que não é tão comum em nosso dia a dia.

Vejam este exemplo, que foi uma campanha da Faber Castell apresentada no Natal de 2014, criada pela agência David, com o mote alinhado ao conceito da marca: *"Ideias feitas à mão"*. Um presente com custo financeiro praticamente zero, mas com uma carga emocional gigantesca, não só para quem recebeu o presente, como também para quem o ofereceu e que nos mostra o caminho para chegar ao Presente Perfeito.

Numa espécie de experimento social, a Faber Castell convidou um grupo para uma experiência durante o mês de dezembro. A empresa reuniu pares formados por marido e mulher, pai e filho, mãe e filha e amigos de diferentes países. Cada par escreveu, desenhou ou pintou algo sobre o relacionamento entre eles. Algo que só a relação deles tinha e que de fato os conectava.

Assim, os pares trocaram os presentes e, ao abrir, todos se surpreenderam com o que encontraram nos pacotes. A mensagem que a empresa quis passar é que o presente feito à mão não só carrega um significado mais pessoal, mas também algo que nunca perde o seu valor[43].

Daí a importância do presente, qualquer que seja, sempre ser acompanhado de uma carta ou bilhete manuscrito, pois isso demonstra o carinho e atenção, ofertado no mínimo com um tempo exclusivamente dedicado a ele. E disso a minha esposa Andréa entende, pois todos os presentes que ela dá são sempre acompanhados de um cartão manuscrito. E eu guardo todos que dela ganhei desde nossa época de namorados. Pensem nisso.

Finalmente, ao dar o presente, pense duas vezes ao **fazer um pacote cheio de fitas, laços e enfeites**, pois, ao fazer uma embalagem maravilhosa, o nível de expectativa da pessoa a ser presenteada cresce. Se o presente é menos do que incrível, a decepção pode ser ainda maior por causa da embalagem elaborada e aí a surpresa cai por terra.

---

43 http://www.portalmakingof.com.br/comercial_da_faber_castell_mostra_presente_perfeito.html

*#%&*!!! Isso era para ser a sua surpresa!*

# ATENÇÃO PARA NÃO PERDER A SURPRESA

*"Antes de fazer uma surpresa, certifique-se de que a pessoa surpreendida não será você!"*
(Paloma Horta, autora brasileira)

Caros leitores, o pior que pode acontecer depois de todo o trabalho para surpreendermos alguém, é que este alguém descubra antecipadamente a surpresa. Então, o primeiro cuidado é evitar anunciar que haverá uma surpresa, para não criar uma superexpectativa que eventual e dificilmente poderá ser alcançada.

**Por exemplo:** quando for realizar uma promoção do tipo *"pague um e leve dois"*, pense em não anunciar e deixar que a pessoa só veja que há dois produtos dentro do pacote quando abri-lo, surpreendendo-se positivamente por estar levando dois produtos, tendo pagado por apenas um. E se dentro da embalagem houver um bilhete ou recado explicando o porquê da promoção, com certeza você ganhará não só a venda, mas também, e mais importante, um novo cliente, um novo fã.

Outro ponto é tomar cuidado para que a surpresa não vire uma rotina previamente previsível. Então se você tem uma loja de roupas, não fique enviando cartas com promoções para seus clientes no mesmo período do ano todos os anos, pois isso fará com que o cliente atualize o que sabe sobre a promoção e ela perderá impacto ano após ano, se tornando uma regra, que, quando quebrada, gerará desconforto.

Assim como os circos e parques de diversão também devem mudar suas atrações periodicamente para que os clientes não incorporem os novos e surpreendentes equipamentos e atrações e estes passem a ser considerados normais.

Cuidados com as surpresas que não são bem estudadas e planejadas, como o exemplo de uma colega minha que, desejando agradar a secretária de um importante cliente, comprou um jogo de bebê para dar de presente a ela e para (infeliz) surpresa de todos, ela não estava grávida, mas sim pouco acima do peso.

Em outra situação ocorrida com um colega meu, que desejando surpreender o chefe, presenteou o filho deste com uma camisa do time de futebol que o chefe torcia, mas para (infeliz) surpresa de todos, o filho torcia pelo time adversário, o que causou um grande constrangimento para o pai, seu importante cliente.

E, finalmente, o que também prejudica a surpresa é a fatídica palavra **"Adivinha"**, pois quando eu tenho uma surpresa para alguém e eu pergunto *"Adivinha o que é?"*, a surpresa se volta contra mim, uma vez que, se a pessoa descobrir, acabou a surpresa para minha tristeza.

Quando comemorava um ano de namoro com a Andréa, ela preparou uma surpresa para mim, que consistia em pendurar uma faixa de tecido na entrada da rua onde eu morava, anunciando em grandes letras o quanto era grande o seu amor por mim. Porém, diante de sua ansiedade, um dia antes, me desafiou a descobrir o que ela havia preparado como surpresa para a celebração daquele importante dia. E eu despretensiosamente disse de pronto: *"uma faixa com declaração de amor"*. Imediatamente ela começou a chorar e a celebração foi pro brejo.

*Suurpreesaaaaa!*

# DICAS SURPREENDENTEMENTE POSITIVAS

*Quando você se concentra na surpresa que é sua vida, você cria mais surpresas.*
(Marcelo Pinto)

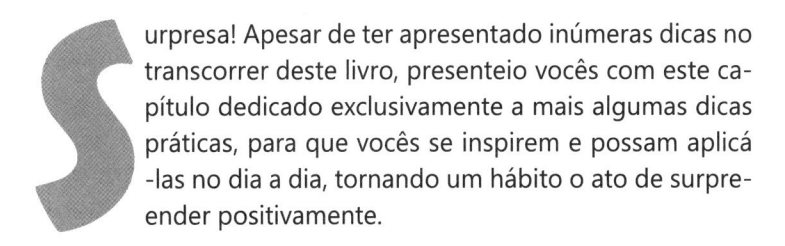

Surpresa! Apesar de ter apresentado inúmeras dicas no transcorrer deste livro, presenteio vocês com este capítulo dedicado exclusivamente a mais algumas dicas práticas, para que vocês se inspirem e possam aplicá-las no dia a dia, tornando um hábito o ato de surpreender positivamente.

Então aí vai uma série de dicas para:

**Surpreender positivamente no Trabalho:**

- se você tem uma fábrica, pode convidar anualmente alguns de seus clientes para uma visita a ela e a cada ano essa visita resultar em um convite especial, como uma peça de teatro sobre a história de determinado tipo de

produto num ano ou um convite para ir a um museu no outro ou presentear os filhos do cliente e assim por diante;
- se você é um motorista de táxi, pode oferecer um serviço surpreendente se, além de levar o cliente ao seu destino, oferecer informações históricas sobre os lugares por onde passa ou até mesmo um carregador de celular no banco de trás, como presenciei em alguns táxis na cidade Maravilhosa;
- se você é um cabeleireiro ou cabeleireira, pode contar histórias engraçadas, com um repertório diferente para cada cliente todas as vezes que estiver executando seus serviços;
- digite no Google "(seu ramo de negócio) 2020". Por exemplo, "imobiliária 2020". Surpreenda-se conhecendo antecipadamente eventuais previsões existentes para o seu negócio;
- também pode digitar no Google "odeio (o nome da sua empresa, produto ou serviço)". Por exemplo, "odeio chocolate branco". E surpreenda-se com o que estão falando a respeito;
- envie uma carta para a casa de seus Colaboradores, endereçada aos cônjuges e/ou filhos deles, dizendo o quanto admiramos o trabalho deles e temos orgulho de contar com eles em nosso quadro de empregados;
- realize ações sempre destacando o nome da pessoa e sua imagem, pois estes são alguns dos seus maiores capitais e fonte de orgulho;
- para você que é proprietário ou administra um hotel ou hostel, solicite o preenchimento de uma ficha cadastral com informações pessoais, sobre preferências, datas de aniversário, *hobbies*, para que possa surpreender seus hóspedes, sempre que possível (como isso já é praticamente comum, não despertará a desconfiança do cliente). Esta mesma prática pode ser adotada, com a mesma finalidade, nos programas de integração de novos empregados;

- no atendimento ao cliente, mantenha um serviço nota dez, não prometendo o que não conseguirá cumprir, pois o objetivo deve ser sempre ultrapassar as expectativas dos clientes;
- ainda no atendimento ao cliente, procure pesquisar e experimentar sobre o atendimento e os serviços prestados pelos concorrentes, pois se deve, no mínimo, superá-los ou fazer diferente;
- surpreenda seu líder superior, terminando o serviço antes do prazo e com mais eficiência;
- ainda no trabalho, surpreenda seus colegas e liderados com pequenos agrados, como distribuir bombom nas mesas ao retornar do almoço ou distribuindo picolés no final da tarde quente;
- sorria com mais frequência, principalmente nos períodos em que tem consciência de que normalmente você é mal-humorado;
- ajude a carregar ou a transportar algum objeto para um colega do trabalho, principalmente se você ocupa um cargo superior ao dele;
- envie um e-mail ou bilhete manuscrito de agradecimento após uma atitude positiva de alguém para com você.

**Surpreender positivamente em Família, na Amizade e no Amor:**

- no amor, surpreenda a pessoa que você ama mandando-lhe flores ou um cartão bem animado, em datas aleatórias e não comemorativas;
- quando em Família, surpreenda seus pais, sentando-se no colo deles e enchendo-os de beijos e abraços;
- surpreenda um amigo ou amiga, ligando agora mesmo para eles para dizer o quanto são importantes na sua vida;
- escolha um dia do final de semana que tenha feira próxima da sua residência, levante-se cedo e vá comprar

produtos fresquinhos, mas não se esqueça de, ao final, trazer para sua companheira, companheiro, mãe ou pai, um belo botão de rosa.

- ligue para seus pais, neste exato momento, só para saber como estão passando;
- prepare uma refeição especial para seu amor, ainda que seja comprada, caso você nunca tenha cozinhado;
- limpe seu quarto ou arrume todas as camas da casa enquanto seus pais estão tomando banho ou preparando o café da manhã;
- escreva uma carta manuscrita e envie-a pelos Correios para um amigo que seja próximo a você;
- ofereça um livro com muito significado (como este que você tem em mãos agora) para uma pessoa querida, não deixando de escrever uma dedicatória bem legal na página 154;
- faça ou compre um bolo, do gosto da pessoa que estará com você, para celebrar uma conquista, por menor que seja;
- se você está na escola, surpreenda seus professores, participando de forma ativa das aulas ou levando alguma novidade ou curiosidade sobre a matéria do dia;
- compre bilhetes de cinema ou teatro para assistir aquele filme ou peça de teatro que seu amor tanto deseja (só tenha certeza de que ele ou ela estará disponível naquele dia e horário);
- homenageie alguém publicamente por efetivo merecimento (homenagens falsas não pegam bem);
- apresente-se disposto para ajudar alguém a concretizar um objetivo ou desejo especial;
- **e, por fim, me surpreenda enviando suas sugestões de melhorias e comentários sobre o que achou deste livro.**

*Se esqueci de citá-lo, avise-me para que eu possa reparar esta falha na próxima edição.*

# BIBLIOGRAFIA SURPREENDENTE

"De todos os instrumentos do homem, o mais surpreendente é, sem dúvida nenhuma, o livro."
(Jorge Luis Borges, escritor e poeta argentino)

A CRITICA. *Experiência surpreendente de Tom Peters.* Disponível em: <http://acritica.uol.com.br/blogs/blog_do_oshiro/experiencia_surpreendente-tom_peters-elektro-hsm-marcio_fernandes-chief_experience_office_7_1340335954.html>.

ALMEIDA, S. O. D.; NIQUE, W. M. *Encantamento do Cliente: Proposição de uma Escala para Mensuração do Constructo.* 4. ed. [S.l.]: RAC, v. 11, 2007. 109 a 130 p.

CEMBRANELLI, F. A. T. *Surpresa.* São Paulo: Duetto Editorial, 2010.

COLCHA de retalhos. Surpresa. Disponível em: <http://4retalhos.blogspot.com.br/2011/10/surpresa.html >.

COMERCIAL da Faber Castell mostra presente perfeito. Disponível em: <http://www.portalmakingof.com.br/comercial_da_faber_castell_mostra_presente_perfeito.html>.

DEVASSA. Youtube. *Sandy faz Propaganda da Cerveja Devassa*. Disponível em: <https://www.youtube.com/watch?v=KosFBa3Ku70>. Acesso em: 4 abril 2011.

FERRAZ, F. C. *Normopatia*. São Paulo: Casa do Psicólogo, 2011.

G1. *Jovem se casa de surpresa ao pensar que participaria de desfile de noiva*. Disponível em: <http://g1.globo.com/ro/rondonia/noticia/2015/06/jovem-se-casa-de-surpresa-ao-pensar-que-participaria-de-desfile-de-noiva.html>.

G1. *Garoto esquece tigre de pelúcia em aeroporto e tem surpresa na volta*. Disponível em: <http://g1.globo.com/turismo-e-viagem/noticia/2015/06/garoto-esquece-tigre-de-pelucia-em-aeroporto-e-tem-surpresa-na-volta.html>.

GALLO, C. *TED: falar, convencer, emocionar*. São Paulo: Saraiva, 2014.

GORSKY, S. *O conceito de Surpresa em Lógica e em Filosofia e a Estrutura Generalizada da Teoria da Informação*. Seminários CLE (UNICAMP), 24 mar. 2010.

HYPESCIENCE. *5 coisas surpreendentes que manipulam seu humor diariamente*. Disponível em: <http://hypescience.com/5-coisas-surpreendentes-que-manipulam-seu-humor-diariamente/>.

HYPESCIENCE. *O que é pareidolia?* Disponível em: <http://hypescience.com/o-que-e-pareidolia-fotos/ >.

INSTITUTOEU. *A cultura Disney e o empreendedor que tem em cada um de nós*. Disponível em: <http://www.institutoeu.org/a-cultura-disney-e-o-empreendedor-que-tem-em-cada-um-de-nos/>.

INVITATIONLOVEJESUS. Youtube. *Original Big surprise for Bride and Groom.Chris and Leah Wedding*. Disponível em: <https://www.youtube.com/watch?v=XYKwqj5QViQ>.

KAPLAN, S. *O impacto do Inesperado*. São Paulo: Gente, 2013.

KINDEROVO. *Sobre o Kinder® Ovo*. Disponível em: <http://www.kinderovo.com.br/sobre/ e http://mundodasmarcas.blogspot.com.br/2006/06/kinder-ovo-doce-surpresa.html>.

LARÁN, J. A. *Dissertação de mestrado. A influência da Surpresa no Processo emocional de formação da satisfação do consumidor*, Porto Alegre, maio 2003.

LARÁN, J. A.; ROSSI, C. A. V. *Surpresa e a Formação da Satisfação do Consumidor.* RAE – eletrônica, São Paulo, v. 5, n. 1, jan/jun 2006. ISSN IAAN 1676-5648.

LASPRO, O. N. D. S. *Da expressa proibição à "decisão-surpresa no Novo CPC.* Revista do Advogado, São Paulo, n. 126, p. 162, maio 2015, XXXV.

LINGUAGEM de sinais para surpresa de vizinho surdo. Disponível em: <http://vejasp.abril.com.br/blogs/pop/2015/03/10/linguagem-de-sinais-surpresa-surdo/>.

MACRAVEN. sociedademilitar. *A Teoria das Operações Especiais – parte 2.* Disponível em: <http://sociedademilitar.com.br/wp/2015/01/a-teoria-das-operacoes-especiais-parte-2.html>. Material completo em: <http://www.afsoc.af.mil/Portals/1/documents/history/AFD-051228-021.pdf>

MAGALHÃES, A. F. *O Código de Ekman.* [S.l.]: Universidade Fernando Pessoa, 2011.

MAGALHÃES, A. F. *A Psicologia das Emoções.* [S.l.]: [s.n.].

MARTEEPARAOSFRACOS. *Conheça uma série de absurdas engenhocas.* Disponível em: <http://marteeparaosfracos.blogspot.com.br/2014/10/conheca-uma-serie-de-absurdas-e.html>.

MATARAZZO, M. *Administradores. É a vez da emoção.* Disponível em: <http://www.administradores.com.br/artigos/marketing/e-a-vez-da-emocao/84132/>.

MEIONORTE. *Homem faz pedido de casamento surpresa e ouve não na resposta.* Disponível em: <http://www.meionorte.com/entretenimento/curiosidade/homem-faz-pedido-de-casamento-surpresa-e-ouve-nao-na-resposta-272317>.

METHODUS. *O fascínio da surpresa* – Revista Scientific American. Disponível em: <http://www.methodus.com.br/artigo/667/o-fascinio-da-surpresa.html>.

OLHAQUEVIDEO. *A surpresa que este pai faz no casamento da filha vai te emocionar.* Disponível em: <http://www.olhaquevideo.com.br/video/3018/a-surpresa-que-este-pai-faz-no-casamento-da-filha-vai-te-emocionar>.

OLIVEIRA, B. F. V. D.; SILVA, J. P. G. E. C. R. *Considerações iniciais sobre um estudo comparativo entre incredulidade e surpresa*. PERIÓDICOS DE LETRAS DA UFMG, Belo Horizonte, 2011.

PACMAE. *Menina faz surpresa para pais surdos e traduz apresentação de fim de ano para a linguagem dos sinais*. Disponível em: <http://pacmae.com.br/2013/12/13/menina-faz-surpresa-para-pais-surdos-e-traduz-apresentacao-de-fim-de-ano-para-a-linguagem-dos-sinais/ >.

PAREIDOLIA. rupestreweb. Disponível em: <http://www.rupestreweb.info/pareidolia2.htm>.

PETERS, T. *A Busca do Uau!* Tradução de Nivaldo Montingelli Jr. São Paulo: Editora Harbra, 1994.

PHD, D. Y. Youtube. *John Bohannon & Black Label Movement at TEDxBrussels*. Disponível em: <https://www.youtube.com/watch?v=UIDWRZ7IYqw>. Acesso em: 23 novembro 2011.

PINTO, M. *Sorria, você está sendo curado*. São Paulo: Gente, 2008.

PINTO, M. *O Método S.M.I.L.E. para Gestão do Humor no Ambiente de Trabalho*. [S.l.]: Editora Ser Mais, 2014.

PROFISSAOATITUDE. *O Elemento Surpresa*. Disponível em: <http://profissaoatitude.blogspot.com.br/2010/08/o-elemento-surpresa.html >.

PROPAGANDASHISTORICAS. *Chocolate Surpresa da Nestlé*. Disponível em: <http://www.propagandashistoricas.com.br/2013/08/chocolate-surpresa-nestle-1995.html>.

R7. *Veja 18 pedidos de casamento inspiradores*. Disponível em: <http://entretenimento.r7.com/mulher/fotos/veja-18-pedidos-de-casamento-inspiradores-13042015#!/foto/5>.

ROSLING, H. Youtube. *Stats that reshape your world-view*. Disponível em: <https://www.youtube.com/watch?v=hVimVzgtD6w>. Acesso em: 16 janeiro 2007.

SCHLEMER, C. B.; PRADO, P. H. M. *Surpresa e a experiência de consumo, um estudo em shopping centers*, 2006. Disponível em: <http://www.anpad.org.br/ema/2006/dwn/ema2006-mktb-392.pdf>. Acesso em: 01 jan. 2016.

SHINYASHIKI, R. *Problemas? Oba!* São Paulo: Gente, 2011.

STERN, J. M.; PEREIRA, C. A. D. B. *Valores Epistêmicos Bayesianos: Foca na Surpresa, Mede Probabilidade!* Instituto de Matemática e Estatística da Universidade de São Paulo. 1066, item 3.

SUPERINTERESSANTE. *40 filmes com desfechos surpreendentes.* Disponível em: <http://super.abril.com.br/galerias-fotos/40-filmes-desfechos-surpreendentes-699961.shtml#0>.

UPF. *Pareidolia.* Disponível em: <http://www.upf.br/filosofia/index.php?option=com_content&view=article&id=245:pareidolia&catid=1:ultimas-noticias&Itemid=8>.

VEJA. *Caramba, puxa e outros eufemismos.* Disponível em: <ttp://veja.abril.com.br/blog/sobre-palavras/consultorio/caramba-puxa-e-outros-eufemismos/>.

YOUTUBE. UNICRED *surpreende seus colaboradores.* Disponível em: <https://www.youtube.com/watch?v=4zC4z39eC1s>. Acesso em: 12 agosto 2013.

# CARTA SURPRESA

Respeitando a regra de que a surpresa deve vir sempre no final, se você tiver interesse em receber uma surpresa nossa, envie uma cópia ou foto desta página preenchida de forma legível e à caneta para cartasurpresa@surpreendapositivamente.com.br e quando você menos esperar, WOW! Acredite!

Eu quero receber uma Surpresa Positiva do Marcelo Pinto

Nome completo: _____

Endereço físico e/ou eletrônico (e-mail ou facebook) completos:
_____

Telefone para contato (opcional) _____

Você comprou ou ganhou este livro? _____

Se comprou, nos informe, onde foi: _____
_____

Se ganhou, nos informe o nome completo de quem lhe presenteou:
_____

Agora é só aguardar a nossa Surpresa.

Você não imagina o bem que está fazendo com esta colaboração! Obrigado!